高效人士的五项管理

做自己想做的人

李践 著

机械工业出版社
CHINA MACHINE PRESS

知名实战派管理专家、行动教育董事长李践先生经过10多年时间的积累淬炼,提出了高效人士的"五项管理"法则。这一管理方法经过时间和实践的考验,被证明非常有效。目前已有5万多家企业,超过30万人正在使用,并把它作为必备物品,天天检视,年年使用,作为自我管理和企业管理的重要工具。

本书附赠"五项管理"理论配套工具——《行动日志》,精心为读者整合书中内容,从年到月、从月到周、从周到日地进行完美规划,从而帮助大家提升个人能力,达成绩效目标。

图书在版编目(CIP)数据

高效人士的五项管理 / 李践著. — 北京:机械工业出版社,2018.11(2024.5 重印)
ISBN 978-7-111-61226-1

Ⅰ. ①高… Ⅱ. ①李… Ⅲ. ①管理学 Ⅳ. ① C93

中国版本图书馆 CIP 数据核字(2018)第 238951 号

机械工业出版社(北京市百万庄大街22号 邮政编码100037)
策划编辑:刘怡丹　责任编辑:刘怡丹
责任校对:李　伟　责任印制:常天培
北京联兴盛业印刷股份有限公司印刷
2024年5月第1版第18次印刷
147mm×210mm・8.5 印张・3 插页・135 千字
标准书号:ISBN 978-7-111-61226-1
定价:55.00 元

凡购本书,如有缺页、倒页、脱页,由本社发行部调换

电话服务　　　　　　　　　　网络服务
服务咨询热线:010-88361066　机 工 官 网:www.cmpbook.com
读者购书热线:010-68326294　机 工 官 博:weibo.com/cmp1952
　　　　　　　010-88379203　金　书　网:www.golden-book.com
封底无防伪标均为盗版　　　　教育服务网:www.cmpedu.com

推荐序
高效人士的五项管理：练就钓鱼的本事

回顾23年的职业生涯，自己非常欣喜做对了选择：从学校毕业的第一份工作选择了"风驰传媒"这个平台。至今我还记得面试时董事长李践先生说："'风驰传媒'不能保证天天给你鱼吃，但一定保证让你练就钓鱼的本事。"当时的我不太明白董事长所谓"钓鱼的本事"是什么，直到我在"风驰传媒"工作了3年，从一线销售人员成长为销售部经理，并通过自己的努力在20世纪90年代买了第一辆车，我悟到了董事长所说的"钓鱼的本事"。

这套"钓鱼的本事"就是"风驰传媒"独创的学会自我管理，持续达成高目标，成为高效员工的"五项管理"系统。我的职场历程也是不断修炼"五项管理"，挖掘自身潜能，实现更大梦想的过程。"五项管理"已成为我们达成目标、实现业绩突破最好的工具。2000年"风驰传媒"与李嘉诚先生的TOM公司合作。2003年我出任TOM全资子公司上海公司的总经理,运用"五项管理"这套系统管理公司,帮助下属培养自我管理习惯、提升效率,带领16人的团队创造了一年8800万元的惊人业绩,成为TOM集团17家子公司中投资回报率最高的公司。而上海公司此前总共投资仅100多万元。我们的团队因为效率高,此后又接管了当时深陷亏损的北京分公司和广州分公司,运用这套管理系统,我们仅用不到一年的时间就使这两家分公司扭亏为盈。

"五项管理"这套效率系统工具,使我和我的团队都取得了佳绩。它不仅培养了我,还陆续培养了100多位总经理,他们都在各自的岗位上成长为精英持续的目标管理、心态管理、时间管理、学习管理以及行动管理,每天循环这五个管理动作,最终养成高效的工作习惯。

2007年,李践先生邀请我一起创业,目标是成立一家伟大的公司,这家公司希望十年只做一件事,通过提升员工效率,推动业绩增长,助力中国的成长型企业。这个目标非常有挑战,但我愿意,因为我知道我们能行。这份自信源于李践董事长把他原创的"五项管理"这套效率系统工具全权委托授权给我,希望我成立一家以"五项管理"

命名的管理咨询公司，用这套系统工具帮助成长型企业实现管理升级，从而推动业绩的持续增长。

2008年公司正式创立并运营，我和我的事业合伙人卢霞、杨林燕、边志杰、徐华、王芳、王洋等，一起推广"五项管理"书籍、日志、培训课程、顾问咨询等。10年来累计服务企业近5万家，涵盖服务、连锁销售、贸易、生产、加工、制造、工程、建筑等领域。每次看到企业家和管理团队上完课如获至宝的喜悦表情，我们都备受鼓励。我为自己选择教育行业，选择把"五项管理"这套效率系统工具传播和推广给企业、职场人士而欣慰，过去10多年的付出与努力都是值得的。

今天，《高效人士的五项管理》一书出版，我由衷地感到高兴，希望跟更多人一起分享这个"钓鱼的本事"。学会它，你就可以用最短的时间实现工作效率的大幅度提升，让你的人生走得更踏实、更长远！

行动教育集团投资副总裁　李仙
2018年9月于上海行动教育校园

自序

2008年的金融风暴席卷全球各行各业,许多企业陷入经营困境。在此背景下,我们出版了《定价定天下》《高绩效人士的五项管理》《砍掉成本》《要么品质要么死》《摇钱树》等一系列企业管理工具书,希望能够帮助企业家们安然度过"经济寒冬",努力实现利润倍增。

10年后的今天,时空剧变,商业世界正在以前所未有的速度发展、变化,乃至被重新定义。创新与坚守,转型与取舍,"互联网+"与传统产业,这一组组看似互补却又充满悖论感的对比,是眼下企业管理面临的常态。同时也说明了在身处变革的十字路口,企业发展面临的形势之严峻。

经济总量急速上升与用户需求急剧收缩的矛盾

随着工业化大生产的推进,生产效率得到很大提升,人类社会的物质生产实现了前所未有的繁荣。与此同时,物质匮乏所引发的人性贪婪正在消失,人们对物质的渴望早已不像过去那么强烈。"断、舍、离"的生活理念在国内很多城市日渐风行。

民营企业时刻面临着经济全球化的竞争与挑战

当今的中国，外企已遍布街头巷尾并深入到每一个行业，整个世界的竞技场已被夷平，我们的企业必须直面来自全球的竞争与挑战。竞争已司空见惯，它仿佛一只我们熟视无睹的灰犀牛，每天出现在家门口。

面对这样的经济形势和竞争环境，我们对企业家们有以下三点建议：

第一、回到原点，回到发展路径中。

一定要透过表面看本质。本质是什么？它是事物发展的根本和规律。有些企业发展的路径是无法省略的，也没有捷径可走。这就要求企业要重新复盘，回到原点，回到发展路径中，反思自己遇到的障碍和问题，认知自己的优势与欠缺。

第二、重新定义，系统性思维。

企业要可持续发展，必须是一个完整的生命体，要做到耳聪目明、思维敏捷。企业如同一个鲜活的个体，只有手的力量是不行的，只有脚的力量也不行。在用户管理、人才管理、成本管理、产品管理等核心器官和关键部位必须要健康，不能生病。这就要求我们要有系统性思维，不能头痛医头，脚痛医脚。

第三、从偶然到必然，回到第一因。

当我们遇到失败、挫折以及意料之外的事情时，常认为是偶然的。比如，遇到一个客户投诉，可能是偶然的；订单被退回来了，可能也是偶然的……这种认知其实是错误的，在企业家的思维中，没有偶然思维，只有必然思维，偶然性里面包含着必然的结果。因此必须要回到第一因，发现事物的本质，才能从根本上解决问题。

企业管理万变不离其宗，开源和节流是企业永远要面对的两个问题，需要双管齐下，并形成一套环环相扣的生态系统。要将众多资源整合在一起，进行全盘思考，不能单独考量、顾此失彼。我们必须抱定初心，在产品、效能、用户、成本、营销等环节尽锐出战，久久为功，这样才能在激烈的竞争中寻得一丝先机。

我将自己近30年的管理方法与经验与大家分享。这些方法经过时间和实践的考验，被证明非常有效。这些年，我为我的股东创造了292倍的回报率，这一切都得益于书中所提到的管理精神。

我们用战士的语言讲述战斗，用极简的图文表达管理。我深信：

大道至简，行胜于言！

李　践

2018年6月于行动教育上海校园

目录 CONTENTS

推荐序　高效人士的五项管理：练就钓鱼的本事 / III

自序 / VI

导言 / 1

一、成功因何而来 / 2

二、什么是五项管理 / 4

三、如何有效阅读本书 / 7

第一项　目标管理 / 11

世界上只有3%的人曾定下清晰而长远的人生目标，这也就是成功者总是极少数人的原因！你想过10年后的自己是怎样的吗？如果没有，那就从现在开始想吧！

一、为什么要设定目标 / 13

二、目标的来源 / 24

三、目标设定的范围 / 28

四、如何明确目标 / 36

五、目标管理的六大步骤 / 44

六、四条重要建议 / 72

七、心在远方，路在脚下 / 72

第二项 心态管理 / 75

成功属于那些抱有积极心态的人。你的成就、健康、幸福、财富全靠你如何应用自己看不见的法宝：积极心态。

一、心态修炼第一步：决不放弃 / 77

二、源自内心的两大力量 / 79

三、你的心态是积极的还是消极的 / 81

四、成功青睐心态积极的人 / 83

五、管理你的积极心态 / 94

六、如何管理你的心态 / 109

七、成功 = 心态 × 能力 / 111

第三项 时间管理 / 115

如果每天都有 86400 元进入你的银行账户，而你必须当天用光，你会如何使用这笔钱？天下真有这样的好事吗？是的，你真的有这样一个账户，那就是"时间"。

一、算算你的时间价值 / 117

二、检查一下你的时间管理 / 119

三、时间都去哪儿了 / 122

四、时间管理的十个方法 / 128

五、时间优先法 / 141

第四项　学习管理 / 145

　　今天你掉一根头发，你会变成秃顶吗？不会。明天再掉一根呢？也不会。但如果每天都掉一根呢？今天不学习，会被市场淘汰吗？不会。明天还不学习，会被市场淘汰吗？不会。如果每天都不学习呢？

一、学习是竞争力 / 147

二、学习改变命运 / 149

三、学习的途径 / 151

四、养成天天学习的习惯 / 155

五、最新学习模式——循环学习法 / 157

第五项　行动管理 / 161

　　现实是此岸，梦想是彼岸，行动力就是当中的桥梁！

一、行动是一切成功的保证 / 163

二、人们为什么不行动 / 165

三、行动力的两大来源 / 170

四、行动力三大法则 / 172

五、行动管理的六大步骤 / 173

六、持续行动，坚持不懈 / 176

七、行动者宣言 / 178

后记　让你立即行动的好工具——
　　　高效人士的五项管理　《行动日志》/ 181

客户见证 / 185

客户感言 / 191

导言

16年前,笔者出版了《做自己想做的人》一书,迄今总发行量突破了100万册,该书有一本配套的训练手册叫《行动日志》,到目前为止已有1亿人次使用。很多读者受益于该书及训练手册,实现了人生的巨大改变。

今天,人类面临着一个新的时代:智能时代。这是一个互联网、科技以及机器替代人的时代。但即便如此,我还是认为人性高于一切,人性的光辉和聪明才智永远是一切核心的主宰。

每个人生而平等,渴望伟大、追求成功,这些是与生俱来的。但是最终是不是都做到了呢?根据行动教育16年的研究和发现,人与人之间的差距非常大。有些人通过奋斗拥有了美好的人生：前途无量的事业、富甲一方的财富、和谐相处的人际关系、健康强壮的身体，更重要的是他们心灵富饶、积极快乐。可更多的人却不是这样，他们在生命旅程的最后阶段很懊悔、很遗憾，甚至抱怨道，为什么那么多人能够成功，而自己却碌碌无为，泯然众人，甚至潦倒一生？

是什么决定了他们之间的差距？人与人之间的本质区别在哪里？人的成功是否与生俱来？

一、成功因何而来

1. 成功并不取决于智商

有的人天生聪明，有的人则比较愚钝。人与人之间的智商不同，确实会造成人的发展不尽相同，但通过对成功人士的分析，我们发现人的智商只要在正常范围内，智商的作用对于一个人成功或者事业的影响是有限的。

不可否认，智商很高的人，会更加容易取得成功。但分析表明，大部分成功人士的智商均在正常范围之内（100分左右），我们常说的高智商人士通常指智商在125分以上的人。

很多非高智商的人取得了成就，甚至是伟大的成就。

·导 言·

由此看来，智商不是决定一个人是否成功的关键，这也意味着普通人也有取得成功的潜质。

2. 成功并不取决于环境

在美国，有一对孪生兄弟，他们出生在一个贫穷的家庭，母亲是个酒鬼，父亲是个赌徒，脾气非常暴躁，母亲喝醉酒以后也会情绪失控。虽然家境贫穷，但这两兄弟的发展却截然不同。弟弟无恶不作，结果锒铛入狱，有记者去监狱里面采访弟弟问道："你今天为什么会有这样的结果呢？"弟弟说："因为我的家庭，因为我的父母。"同时记者又去采访身为孪生兄弟的哥哥，此时的哥哥是一位很成功的企业家，而且还竞选上了议员。记者问："你今天为什么会有那么大的成就呢？"哥哥同样也回答说："因为我的家庭，因为我的父母。"

哥哥在破碎的家庭中找到了发愤图强的勇气和动力，弟弟却在破碎的家庭中自暴自弃，沦为囚徒。

家庭虽然是人与人之间拉大差距的一个重要因素，但在对成功人士的调查中发现，70%以上的成功人士都来自于普通家庭，有很多甚至来自农民、普通工人家庭。由此也可以得出结论，家庭背景也不是决定一个人成功与否的必然条件。

3. 成功取决于你自己

一个人的智商和家庭背景会影响成功，但这些并不是拉开差距的决定性因素。一个人的成功究竟是外在因素决定的，还是内在因素决定的？我们通过研究发现，人的成功与外在因素没有关系，是由内在因素决定的。一个人能否成功取决于个人的目标是否明确，心态是否积极，学习能否持续，时间分配是否合理，以及是否具有高效的执行力等，这就是本书要与大家分享的高效人士的五项管理。

二、什么是五项管理

在企业经营的过程中，每个员工都希望在自己的岗位上创造高绩效，拿到高工资；每个老板都希望自己有一支高绩效的团队，来保证企业的持续发展。

但是，人们总是会遇到以下一些障碍：

- 目标不明确，没有方向；
- 心态消极，悲观失望，怀疑害怕；
- 不会管理时间，拖延、效率低；
- 没有持续学习，缺乏应变能力；
- 行动力不够，想的多、做的少。

通过我和我的团队16年时间的实践证明，每天对自己进行目标、心态、时间、学习和行动五个方面的管理，可以帮助人们改变思维、改善行为、养成高效的习惯；可以逐步克服以上障碍，创造高绩效，实现目标，取得成功！

五项管理要从以下五个方面着手。

第一项：目标管理，教你如何制订目标，分解目标，达成目标；

第二项：心态管理，教你如何评估心态，每天积极乐观；

第三项：时间管理，教你如何抓住重

点，提升效率；

第四项：学习管理，教你如何有效学习，持续改进，提升竞争力；

第五项：行动管理，教你每天如何行动，养成高效的习惯。

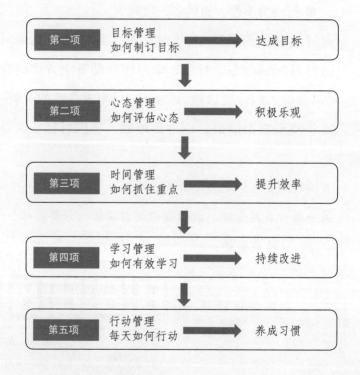

16年来，我和我的团队、学员以及客户，有超过1亿人次、数万家企业，通过学习五项管理，使用《行动日志》，

在效率和业绩方面都收到了显著成效。

三、如何有效阅读本书

1. 空杯心态

禅师的空杯

有一个人去寻访禅师，见到禅师后，他说个不停，禅师则默默无语，只是以茶相待。禅师将茶水注入这位访客的杯子，满了也不停下来，继续往里面倒。眼看着茶水不停地溢出杯外，这个人着急地说："已经溢出来了，不要再倒了！"禅师说："你就像这只杯子一样，头脑里装满了自己的各种想法。如果你不先把杯子清空，叫我如何对你说禅呢？"

在阅读本书的过程中，也许你会发现有些道理你懂，有些知识你知道，有些步骤你明白，有些练习太简单。这时，问问自己，"我懂、我知道、我明白的这些事，我做到了吗？我想要的结果得到了吗？"

知道不等于做到,要力求从知识到行为,从行为到结果。成功的人士有很多经验和方法可以拿来就用,但是,你只有空杯才能收到。

2. 参与练习

为了便于大家理解和记忆,书中采用"文字、故事、图画、表格加互动"的方式,把五项管理的重要知识点转化成可操作的工具,带领大家边学习边练习,只要你认真参与,读完这本书的同时,你会发现你已经开始书写自己的人生著作,不久的将来,你将是这部著作唯一的作者,也是它永远的读者。

3. 成为习惯

本书读起来很简单、很轻松,书中的一些工具和图表我很早就把它转化成了能够成功激活五项管理的实操工具——《行动日志》。你只要照着做,让学习变成行为,让行为改变习惯,你很快会成为高效人士。

4. 坚持修炼

人是有惰性的,再好的工具,再好的方法,如果你没有坚持,它都是没用的;坚持修炼五项管理一个月,你会养成高效的习惯;坚持修炼三个月,你会看到奇迹在你身上发生!

现在,让我们开始高效人士五项管理的学习吧!

第一项 | 目标管理

　　世界上只有3%的人曾定下清晰而长远的人生目标，这也就是成功者总是极少数人的原因！你想过10年后的自己是怎样的吗？如果没有，那就从现在开始想吧！

世界上没有懒惰的人,只有没有目标的人。没有目标,就没有前进的方向和动力。

"目"是方向,"标"是标准,这就是我们"未来的样子"。

五项管理的第一课,让我们从"目标管理"出发。

一、为什么要设定目标

世界上只有3%的人曾定下清晰而长远的人生目标，这也就是为什么成功者总是极少数人的原因。

1. 越是平庸的人生越没有目标

成功的第一步到底是从哪里开始的？行动教育研究发现，人与人之间拉开差距的第一步是从目标开始的。目标造就了人的动力与决心、努力态度和做事标准。越是成功的人，往往越会设定长远的目标。因为长远的目标能够激发人的动力、下定决心。越是平庸的人越没有目标。没有目标的人像一只无头苍蝇，所以目标本质上是人类社会分层的起点。目标越长远，标准越高，要求越多，取得的结果就完全不同。

一个人如果没有目标，与之相关的要求和标准就会消失于无形。他的人生变得浑浑噩噩，花费了与成功的人相同的时间，却未必能达到最终的彼岸。目标这两个字拆解

开来,"目"是方向,"标"是标准,这就是我们"未来的样子"。

故事分享

功亏一篑

1952年7月4日清晨,美国加利福尼亚海岸笼罩在浓雾中。在海岸以西21英里的卡塔林纳岛上,一位34岁的女性跃入太平洋中,开始向加州海岸游去。要是挑战成功的话,她就是第一个游过此海峡的女性。这名女性叫弗罗伦丝·查德威克。在此之前,她是穿越英吉利海峡的第一个女性。那天早晨,她被海水冻得全身发麻,雾很大,她几乎都看不到护送她的船。很多人在电视上看着直播,有几次鲨鱼靠近了她,被随行人员开枪吓跑了。

她仍然在游着。

15个小时之后,她又累又冷,她知道自己不能再游了,就叫人拉她上船。她的母亲和教练在另一条船上,他们都告诉她离海岸很近了,叫她不要放弃,但她朝加

· 第一项 目标管理 ·

州海岸望去,除了浓雾什么也看不到。又过了几个小时,她渐渐觉得暖和多了,这时却开始感到失败的打击。她不假思索地对记者说:"说实在的,我不是为自己找借口。如果当时我能看见海岸,也许我能坚持下来。"人们拉她上船的地点,距加州海岸只有半英里!查德威克一生中就只有这么一次没有坚持到底。两个月之后,她成功地游过同一个海峡。

查德威克第一次挑战失败的原因是因为她在浓雾中看不到目的地。如果那天没有大雾,她就不会丧失信心而放弃最后的努力。这个故事告诉我们:要想获得成功,就必须要确定一个清晰可见的目标,因为目标是人奋勇向前的动力源泉。

成功的定义为:实现有意义的既定目标。卡耐基曾对1000个不同种族、年龄与性别的人进行过一次关于人生目标的调查。

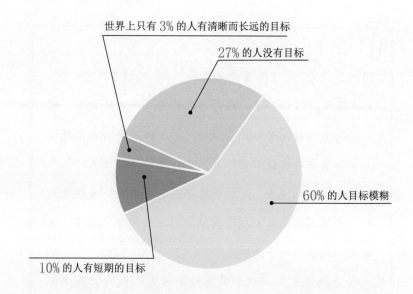

注：图片来自耶鲁大学的调查

他发现，只有3%的人能够确定目标，并知道怎样把目标落实；而另外97%的人中，27%的人没有目标，10%的人有短期的目标，60%的人目标模糊。10年后他再一次对上述对象进行调查，结果令人吃惊：调查样本总量的5%的人找不到了，95%的人还健在，原来属于那97%范围以内的人，除了年龄增长10岁之外，生活、工作和个人成就等方面并没有太大起色，还是那么平庸；而原来那3%的人，却在各自的领域中取得了成就。他们在10年前提出的目标，都不同程度地得以实现，并按照原定的人生目标继续走下去。

人生在世，最要紧的不是我们当下所处的位置，而是目标。

2. 目标就是未来的样子

不论现在的你有没有学历，过去是否成功过，抑或失败过，过去内心是胆怯还是懦弱都不重要，它们仅代表着过去。人生的本质是一个以终为始的导航系统——"终"就是目标，以终点作为开始。开始是什么？开始是我们以现在的样子启航，去追寻未来的样子。

过去不等于未来，过去成功不等于未来还会成功，过去失败也不等于未来还会失败。今天的目标决定了你的未来。目标决定了我们的动力和决心。

故事分享

褚橙传奇

在离90岁生日还有6天的时候，褚时健退休了。在云南省玉溪市的褚橙庄园，云南褚氏果业股份有限公司宣布成立，褚时健的独子褚一斌出任公司总经理，褚时健任董事长。这意味着"褚橙"接班人的问题尘埃落定,在商业大潮里乘风破浪一辈子的褚时健,终于卸下了最后的担子。

褚时健原本是红塔集团董事长,1994年时,他还被评为全国"十大改革风云人物"。但于1999年,这位曾经的"中国烟草大王"因贪污受贿,被判处无期徒刑。一个红透半边天的国企红人,执掌红塔集团18年的全国风云人物一下子变成阶下囚,这个人生打击可以说是灭顶之灾。然而,接下来的打击对一个老人才是致命的,妻子和女儿早在三年前已经先行入狱,唯一的女儿在狱中自杀身亡,可谓"身败名裂,家破人亡"。

2002年春节,因为严重的糖尿病,褚时健获批保外就医,回到家中居住养病。对于当时已经75岁高龄的褚时健来说,颐养天年是最好的结局了。但褚时健不甘心,他选择了再次创业。他向朋友们借了1000多万元,包下了哀牢山上2400亩的荒地,和68岁的老伴儿进山种橙子，而橙子从幼苗到挂果要6年时间！所以，曾成功攀登过珠穆朗玛峰的王石说道，人生最大的震撼不在珠穆朗玛峰，而在哀劳山上！是穿着破圆领衫，戴着大墨镜，戴着草帽，兴致勃勃地谈论6年后橙子挂果的75岁的褚时健。6年后，他已81岁高龄。

从一个种橙子的门外汉到育橙能手，这位老人需要付出比常人更多的努力。然而种橙子的影响力或许是他当年没有想到的。在创始人传奇般的个人经历加持下，褚橙被昵称为"励志橙"，赋予了符合时代特征的品牌价值。2012年，在种橙子第十个年头，褚时健与本来生活网深度合作，造就了轰动全国的"褚橙进京"事件。截至2017年年底，褚时健的果园利润超过了3000万元，固定资产超过8000万元。经过评估，褚时健身家又已过亿。

高额营收的背后，是褚老对于橙子质量的严格把控。正是由于褚橙在气候、水、肥料、间伐、控梢、剪枝、病虫害防治、果农管理、团队管理、营销这十个方面都优于同行，才最终厚积薄发，脱颖而出。2015年，褚橙庄园曾经主动砍伐了37000棵果树，只为保证果树之间的通风透光，保证2016年果品质量进一步提升。如今的褚橙，水果直径平均达到6.5公分，甜度和特级果质量都明显优于行业平均水平。

有人问褚时健，当初为什么要白手起家种橙子？褚时健想了想说："不想晚年过得太穷困。另外，我70多岁出狱，总得找点事做，让生活充实点。"

褚时健说得很朴实，其实，他的人生目标就是保持自己作为知名企业家的尊严。这种目标乔布斯也有过，乔布斯临终前对给他写传记的作家沃尔特说："一旦你离开，你就属于整个世界。"十多年过去了，褚时健重新书写了人生。正因为他有长远的人生目标，才使他能够沉下心来，愿意花费漫长的时间苦心钻研种植橙子的技术，不断对种橙子的每一个环节制定严格的标准，让销售的每一个橙子都建立种植地可追溯机制。褚时健具备产品意识、工匠精神、不着急的心态等宝贵的企业家精神。

3. 人们为什么不设定目标

从小到大，老师或家长都教育我们要设定目标，也许你也希望为自己的未来设定目标，可为什么还是有那么多人只是想想，却不去做，过着没有目标的生活呢？经过我的归纳整理，主要原因有以下 5 条：

害怕失败

因为有了目标，就会有人来比较、来检验，如果没有目标就没有人衡量你的失败和挫折，也就不必害怕失败。

害怕被别人耻笑

因为这个世界上有太多的人没有目标，所以当你有了这个目标，比如想成为领导人，很多人就会耻笑你，说你痴人说梦，说如果你都能够成为领导人，我又如何如何，因为这个世界上毕竟 97% 的人是没有目标的。

不知道目标的重要性

很多人都不知道人生的重点，不知道人生价值的关键来自于目标的实现，不知道目标是生命的转折点。

不知道设定目标的方法

人们不知道如何设定目标，不知道如何筛选有价值的目标，以及有了目标以后用什么方法去实现，要用多长时间实现。

不知道目标设定得是否正确

还有很多人不知道自己的目标是否正确，是否可以被实现，实现这个目标会碰到哪些障碍，以及目标有变化时应该怎么办。

4. 设定目标的十大好处

目标产生积极的心态

目标给你一个看得见的彼岸。随着你实现这些目标，你就会有成就感。你的思维方式或工作方式（心态）就会向着更积极主动的方向转变。

目标使我们看清使命、产生动力

有了目标，对自己心中的憧憬便有了一幅清晰的图画，你就会把精力和资源专心放在你所选定的方向上。

目标让我们找到生存的意义和价值

人们处事的方式主要取决于他们怎样看待自己的目标，如果觉得目标很重要，就会全力付出。

目标使我们把重点从过程转到结果

成功的尺度不是做了多少工作，而是获得多少成果。

目标有助于我们分清轻重缓急，把握重点

没有目标，我们很容易陷入跟理想无关的现实事务中，成为琐事的奴隶。

目标使我们集中精力，把握现在

目标对目前工作具有指导作用。因而让人重视现在，把握现在。

目标能提高激情，有助于评估进展

目标使我们心中的想法具体化，干起活来热情高涨；目标同时提供了一种自我评估的标准，你可以根据自己距离目标有多远来衡量取得的进步，测知自己的效率。

目标使人自我完善，永不停步

自我完善的过程，其实就是潜能不断发挥的过程。而要发挥潜能，你必须全神贯注于自己有优势并且会有高回报的方面。这些优势必然得到进一步发展。

目标产生信心、勇气和胆量

信心、勇气和胆量来自于"知己知彼"。对目标及其实现过程的清晰透彻的认识，必然使你从容不迫、处变不惊。

目标使你成为一个成功的人

美国 19 世纪哲学家、诗人爱默生说:"一心向着自己目标前进的人,整个世界都会给他让路!"

1	目标产生积极的心态
2	目标使我们看清使命、产生动力
3	目标让我们找到生存的意义和价值
4	目标使我们把重点从过程转到结果
5	目标有助于我们分清轻重缓急,把握重点
6	目标使我们集中精力,把握现在
7	目标能提高激情,有助于评估进展
8	目标使人自我完善,永不停步
9	目标产生信心、勇气和胆量
10	目标使你成为一个成功的人

二、目标的来源

目标如此重要,我们如何制定自己的人生目标呢?

目标可能源自于榜样的力量,希望成为和榜样一样的人。比如,对于一个农村长大的孩子来说,发现自己村子里面的人走出了大山,甚至还有人迈出国门,自己也想象要与他们一样,这就是榜样的力量。再如,一个穷小子发现自己身边的同学经过努力变得富有了,而且给社会和家庭带来很大的改变,自己也想成为那样的人,这同样是榜样的力量。

故事分享

改变一生的握手

1963年的夏天,正值阿肯色州美丽的季节。17岁的克林顿被学校推荐参加州举办的青少年夏令营活动,来到小石城的森林峡谷。

夏令营的组织者们为了使青少年更多地关心政治、关心国家,别出心裁地在这个森林峡谷中组织了一次"总统"模拟竞选。竞选的方法是先按学生的意愿分成两个"党派",并且各自委任"内阁成员",然后依照美国法律规定的大选程序进行公开竞选。年轻的克林顿以极大的热情参加"竞选",对于这位心怀"总统之梦"的少年来说,这真是一次难得的演习机会。经过一系列的角逐,有的人被选为"参议员",有的人当选为"州长",敢于出人头地的克林顿,制定了更高层次的目标,决心竞选"总统"。经过与竞选者的几轮唇枪舌剑,克林顿如愿以偿，当选为"孩子共和国"的"总统"。这次夏令营当选的"参议员"、"州长"等"领导人"获准到华盛顿旅游，游览名胜，参观白宫，并受到时任总统肯尼迪的接见。

在白宫的玫瑰园，肯尼迪总统微笑着与同学们一一握手，并合影留念。肯尼迪总统对克林顿说："我从报上读到你的竞选演说，很有特色。"

克林顿谦虚地说："我对美国的文化、社会研究不深，有的提法可能不当吧？"

"你敢于提出来，就应该受到鼓励。"肯尼迪总统亲切地笑了笑说："你们是美国未来的希望，世界美好的明天属于你们。"

克林顿的心潮如同密西西比河的浪涛一样在翻滚，他的心情太激动了。他未曾料到，自己的"总统之梦"竟然"梦圆"在白宫。

这次见面，使17岁的少年克林顿坚定了成为总统的梦想，一定要活成自己榜样的样子！直到克林顿登上总统宝座后，他仍对与肯尼迪总统握手的情景念念不忘。

榜样的力量是无比强大的，我自己的成长故事也证明了这一点。

故事分享

我出生在云南省昆明市的一个普通家庭，从小在四川省的农村长大。小时候我不喜欢读书，学习成绩是班上最差的。在14岁那年，伴随改革开放的春风，我开始利用寒暑假的时间到城市里打工。一个偶然的机会，经一个高中同学介绍我到昆明师范专科学校图书馆去当临时工。在图书馆，一本名叫《成功之路》的书深深地吸引了我。它讲的是知名企业家包括李嘉诚、松下幸之助、洛克菲勒、卡内基等取得成功的故事。这些企业家大都出身贫寒，没有学历，没有背景，没有资源，但他们是怎么成功的呢？书中总结到：他们都设定了目标，特别是设定了一个伟大的事业目标，最终通过实现目标改变了自己的命运，成为成功人士。他们不仅事业非常成功，家庭、人际关系、社会责任感等方面也都做得很好。这本书使我受到了很大的启发，让我发现了榜样的力量。从那时起，我就决心要经过自己的努力，成为像他们一样的人。

三、目标设定的范围

1. 六大目标领域

事业目标

你有什么样的梦想,你想做什么事情达成什么结果,你工作的目的是什么,什么结果会让你感到最安全,做什么事会给你带来无比的快乐……

财富目标

如果用金钱来衡量,二十年、十年、五年、三年,我应该达到的个人收入是多少?银行存款是多少?投资回报是多少?数字越明确越好。

家庭生活目标

家庭是温暖人心的港湾,是我们实现事业、财富目标的有力支持。我们不能一味追求事业而忽略了家庭,事业与家庭和谐发展才是我们人生圆满的追求。

学习成长目标

在校求学阶段所获得的知识充其量不过是人一生所需的 10%,而另外 90% 的知识必须在以后的学习成长中不断获取。在竞争异常激烈的现代社会,学习成长目标是事业成功、财富积累的前提。

人际关系目标

人脉中蕴藏着你所需要的一切，制定和维系好你的人脉资源，某种意义上就在维护人们不断朝着目标迈进的补给线。

健康休闲目标

如果财富目标给我们增添了无数个"0"，没有最前面的"1"，我们也是一无所有。健康休闲目标就是这个"1"。

六大目标

财富目标　　　　　　　　　　事业目标

家庭生活目标　　　　　　　　人际关系目标

学习成长目标　　　　　　　　健康休闲目标

2. 展望未来，看清起点

商业中最伟大的成功往往在于一些不切实际的目标，当民众第一次听说一个精巧的装置能够带着他们像鸟一样在空中穿行，许多人认为这是不切实际的，更别提可不可能了。但是当莱特兄弟发明了飞机，翱翔于蓝天的时候，世人才为之惊叹！当弗雷德·史密斯向他在耶鲁的教授提交了关于深夜抵达的快递服务的想法时，他勉强得到了一个及格分。但通过在这条并不被他人看好的道路上持续不断的努力，他最终成立了联邦快递公司。

回到当下，你的起点在哪里，你的优势和劣势各是什么，知道自己掌握了什么管理理念、拥有什么专业技术，自己的长处在哪里，如何更好地发挥；自己的短处在哪里，如何学习提升。你打算采取哪些具体的行动来达成你的目标？用几年的时间？需要多少人力、财力等来达成目标？当前可以采取的具体措施是什么？认真回答以下问题，为你的远大目标找到支点。

（1）从现在开始展望未来，你想飞多高、飞多远？记住，要敢于做梦。

（2）回到当下，你的起点在哪里，你的优势和劣势是什么？

（3）你要学习什么？你要提升什么？

（4）你要用什么方法才能达成你的目标？

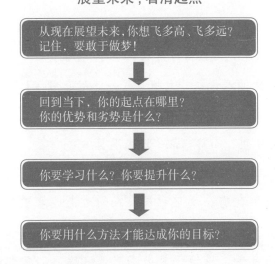

展望未来，看清起点

3. 制定目标，以终为始

制定目标，自上而下，从终极目标反推回来，使下级目标成为上级目标的分解。实践目标，自下而上又使下级目标成为对上级目标的支持。学会如何把目标分解开来，化整为零，变成一个个在不同阶段容易被实现的小目标，然后将其逐个击破，是实现终极目标的有效方法。

有这样一个有趣的实验：

三组人分别向10公里以外的三个村子步行。

第一组的人不知道村庄的名字，也不知道路程有多远，只是跟着向导走。刚走了两三公里就有人抱怨，走了一半时有人几乎愤怒了，甚至坐在路边不愿意走了。而且越往后走情绪越低落。

第二组的人知道村庄的名字和路程，但路边没有里程碑，他们只能凭经验估计行程、时间。他们走了一段路后，比较有经验的人说："大概走了一半的路程了！"于是大家又向前走。当走到全程的四分之三时，大家情绪低落，觉得疲惫不堪，而路程似乎还很漫长。

第三组的人不仅知道村庄的名字、路程，而且公路上每一公里就有一块里程碑。人们边走边看里程碑，每缩短一公里大家都觉得很快乐，行程中他们用歌声和笑声来消除疲劳，情绪一直很高涨，很快他们就到达了目的地。

这个实验告诉我们，没有目标，便会失去方向；太远的目标会让人觉得遥不可及，同样会让人感到疲惫，失去动力。因此，再远大的目标也要化解为具体可实现的阶段目标。

· 第一项 目标管理 ·

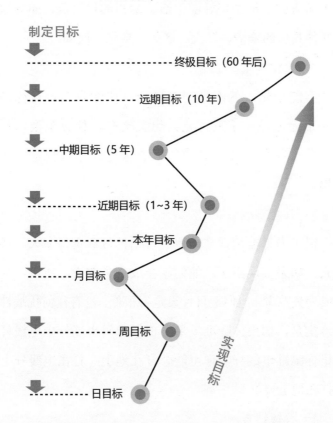

4. 设定目标的五项原则

1）明确具体

制定目标的秘诀就是"明确"二字，目标必须是明确的，这是设定目标最重要的原则。也就是说，目标不应该是某种生活方式，比如美好的生活、幸福的日子等，而应该是一件件具体的事情。多大、多久、数量、时间。

2）量化衡量

不能量化，就不是制定目标，比如收入，目标是月薪一千元还是一千五百元；想买辆车，什么车型，什么款，什么颜色，什么时间？只有量化，才可测定，才能积累。

3）具有挑战

很多人都非常保守，他们害怕把目标定得太大，目标太大，如果实现不了，他们就会成为失败者。所以，为了不成为失败者，他们把目标设定得很低，没有任何挑战性。但事实是，如果你瞄准星星，你最起码也能打中电线杆；如果你瞄准电线杆，你可能会打在地上，打在电线杆上总比打在地上要好。

4）长短结合

既要有长期的目标，也要有中期、短期的目标，甚至每星期、每天的小目标，所有的小目标都是大目标的分解，所有的大目标都是小目标的积累，只有大小结合、长短结合，才能与时俱进实现人生终极目标。

5）完成时限

所有的目标都应该在一定的时间内达成才有意义，不然，有目标等于没有目标。比如"我要年薪达到 50 万元"就不是界定时限的目标，你可以在一年后达成，也可以在十年后达成，而十年后的"年薪 50 万元"对你可能就没有任何意义了。"我要在两年后的今天达到年薪 50 万元"，这才是一个有时间限定的目标。

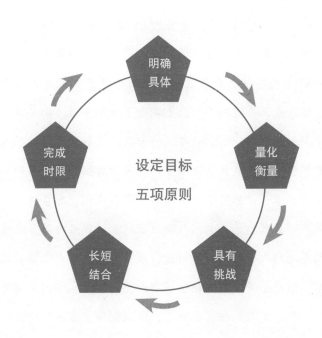

四、如何明确目标

故事分享

我是怎样明确目标的?

如前所述,在下定决心向榜样们学习之后,我就开始思考,什么事情有意义、有价值?怎样做能够给社会奉献,能够设定一个伟大的目标呢?20世纪80年代,我既没有高学历,也没有资金、背景和资源,几经思考,我终于找到了自己身上的一种特质,那就是跆拳道。在1982年的时候,我教过一个美国人学中国武术,这个美国人是跆拳道高手,他也教会了我跆拳道。跆拳道源于朝鲜,在20世纪80年代的中国,了解这项运动的人非常稀少,当我把这三个字写下来的时候,有一半的人读不出来,"跆"这个字都很少有人认识。跆拳道的精神在于战胜自己,它不强调战胜对方、战胜外界。久练跆拳道的人会养成勇于付出、敢于向前、信念坚定的品质。我想如果我能够把这项有意义的运动在中国传播开来,教给更多的体育爱好者,使他们都能像我一样战胜自己,那不是一件伟大的事情吗?

由此我设定了核心目标：把跆拳道运动推广到全中国，力争做到中国第一。

大目标确定后，需要分解成可操作的小目标。首先要设定期限，我当时20岁，希望通过10年时间，在我30岁的时候实现"中国跆拳道第一"的梦想。

具体的小目标有以下五个：

（1）开设跆拳道馆，教授别人学习跆拳道。

（2）出版关于跆拳道的专著，让更多人了解跆拳道，学习跆拳道。

（3）培养专业的跆拳道运动员，达到国际职业水平。

（4）建立跆拳道的专业组织，像足球协会和篮球协会那样，在昆明乃至全国成立跆拳道运动员协会。

（5）举办中国自己的跆拳道职业锦标赛。这样可以把跆拳道变成一种职业，既有职业运动员，也有业余爱好者。职业运动员能够和国际接轨，让中国的跆拳道能够走向世界。

再一步，我为这五个小目标都设定了完成的时间期限和完成标准，如下表所示：

	小目标	完成时间	完成标准
1	开设跆拳道馆	2~3 年	至少开设一家跆拳道馆
2	出版关于跆拳道的专著	2~3 年	至少出版一本跆拳道专著
3	培养专业运动员	2~3 年	培养 100 位运动员
4	成立跆拳道运动员协会	4~5 年	拥有上万的用户、运动员及业余爱好者
5	举办中国跆拳道职业锦标赛	5~10 年	组织中国第一届跆拳道职业锦标赛

当我把这个目标写下来的时候，我的内心激动无比，充满着无限的力量。

从以上案例可以梳理总结出激活目标的三个阶段。

1. 酝酿目标

假如不会失败：

你要一个什么样的人生？

你要一个什么样的事业和家庭？

你想拥有什么样的财富？

你想成为一个什么样的人？

尽情地去做梦，每个人都有做梦的权力。把梦想写下来，就变成了你的目标，就变成了人生的导航。不要以你现在的条件来设定目标，而是你想要什么条件，从你人生的终点往回设想。你60岁以后，在人生的六大领域：事业、财富、家庭生活、学习成长、人际关系、健康休闲方面，你的梦想是什么？

对每一个目标，扪心自问：
- 这真是我的目标吗？
- 我真的热切希望吗？
- 这个目标是否有违良心？
- 是否损人利己？
- 它与其他目标有矛盾和冲突吗？
- 我是否乐意全身心地投入？
- 能否想象达成这个目标的情形？

以上问题的答案，必须都是肯定的。否则这些目标就需要修正甚至删除。

然后再接着自问，达成这个目标：
- 会使我更快乐吗？
- 会使我更健康吗？
- 会使我更富足吗？
- 会使我交到更多的朋友吗？

- 会使我更有安全感吗？
- 会使我和别人相处得更愉快吗？

2. 分析目标

（1）制定实现目标的期限

没有期限就没有目标，就永远达不到成功的彼岸。期限，是衡量目标的进展、激发向目标不断前进的动力。

（2）分析你的起始点

没有理想，就没有前进的方向。没有起始点，就无从规划自己的航程。有了地图和指南针，仍然会无可奈何地迷失方向，只有当你明确知道自己现在所处的位置时，地图和指南针才能发挥作用。

问自己以下问题，并写下来，与你的目标进行对比，来找寻差距。

（3）确认实现目标的障碍

人不是为了痛苦而活着，是为了幸福才活着，然而痛苦却伴随着人生。确认障碍，是为了有备无患，从容不迫。同时要记住：障碍是来帮助我们学习成长的，而不是来阻碍我们的，

达成目标的过程，其实就是克服障碍的过程。

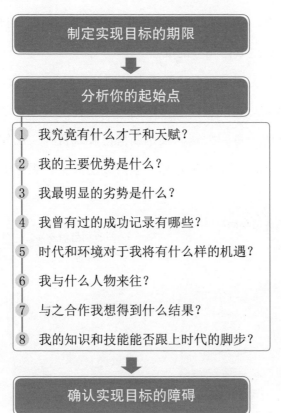

3. 寻找支持

　　确认达成目标需要的知识和技能

　　要找出达成这个目标都需要哪些专业知识？你已经具备了哪些知识？你还需要哪些专业知识？如何获得这些知

识？并制订相应的学习计划，每次学习完都要做总结，你学到了什么，如何应用到现在的工作中去。不断完善自己，为你的目标达成作充分的准备。

确认对实现目标有帮助的人或团体

要确认对实现目标有帮助的人或团体，充分调动一切可以调动的力量和因素，来帮助自己实现目标。比如专业协会、行业协会、专家老师、业内成功人士。想办法让该

达成目标需要的知识和技能
1. _____
2. _____
3. _____
4. _____
5. _____

对实现目标有帮助的人和团体
1. _____
2. _____
3. _____
4. _____
5. _____

实现目标的措施与解决障碍的方法
1. _____
2. _____
3. _____
4. _____
5. _____

领域内较成功的专业人士来帮助你。同时,获得家人的支持也是快速达成目标的有效动力。

制定实现目标的措施与找出解决障碍的方法

要为实现目标制定详细的措施和解决障碍的方法,关键性障碍应找出不少于五个解决方案,其他每个障碍都要找出相应的解决方法。

4. 将目标视觉化

(1) 制定实现目标的计划

要制定实现目标的计划,这个计划最好能分解到每年、每月、每周甚至每天。

(2) 马上行动,现在就做

要根据自己的目标马上行动,没有行动,再好的计划也只是白日梦。不要拖延,不要"以后",立即就做,现在就做。

(3) 将目标视觉化

想象目标完成后的感觉,让自己沉浸在美好的快乐中。在内心勾勒一幅明晰的人生蓝图,从而产生实现目标的动力。

和克服障碍的决心。每天早晨从床上起来就能看见自己的目标，明确地了解自己的目标，就连晚上睡觉的时候也将同样的东西留在脑海中，日复一日，即使没有成功，相信离成功也不会远了。当然不是说光贴一些这样的标语就会有这么神奇的功效，成功并非偶然，一定要实实在在地去努力，切不可投机取巧！潜意识的动作来自于明确的画面。假如你梦想在某年某月买一辆车，请你把这辆车的颜色、款式等描述得一清二楚，并将具体的图片贴到你的"梦想板"上，来引导自己的思维。

五、目标管理的六大步骤

故事分享

如何募集700万美元

美国一位名叫罗伯·舒乐的博士，在自己身无分文的情况下，却立志要在加州建造一座水晶大教堂。这座教堂的预算造价为700万美元。

舒乐博士首先在一张白纸上写下了自己实现目标的

奇特计划：寻找1笔700万美元的捐款；寻找7笔100万美元的捐款；寻找14笔50万美元的捐款；寻找28笔25万美元的捐款；寻找70笔10万美元的捐款；寻找100笔7万美元的捐款；寻找140笔5万美元的捐款；寻找280笔2.5万美元的捐款；寻找700笔1万美元的捐款。

他把700万美元这个大目标，一次又一次地分割成更小的目标，最终分割到1万美元。每次募捐1万美元，这个目标实现起来就容易多了。就这样，他1万美元1万美元地募捐，一点一滴地筹集，历时12年，一座最终造价2000万美元、可容纳1万多人的水晶大教堂竣工了。这座水晶大教堂成为世界建筑史上的奇迹与经典，也成了加州的游览胜景。

一些大目标看似难以实现，但把它分割成无数个小目标，实现起来就不再是什么难事了。每天实现一个小目标，日积月累，你就会收获人生的大成功。

那么，如何拆分目标呢？可以分为六个步骤进行：规划你的人生蓝图表；设定你的中期和近期目标；设定你的年度目标；把年度目标拆分到月；把月目标拆分到周；把周目标拆分到日。

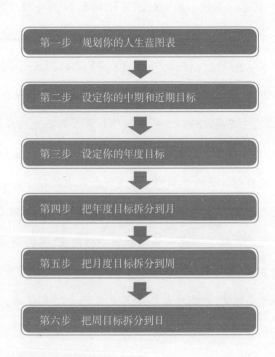

1. 规划你的人生蓝图表

现在你已经了解了目标设定的五大过程，接下来我们将开始具体分解目标，在你开始规划自己的人生蓝图之前，先来参考一个真实的案例。我们的主人公叫赵峰，男性，今

年 32 岁，年轻有为，是某教育集团的营销副总。让我们来看看，赵峰是如何规划自己的人生蓝图表的。

案例示范：

时限 类别	人生终极目标（60 岁以后）	远期目标（10 年内）
事业目标	1.成为世界第一流的企业家、演说家 2.荣获国家颁发的行业最高荣誉称号 3.推动公司成为世界上最有影响力的教育集团 4.公司年产值达到 20 亿元	1.推动公司成为亚洲最著名的教育机构之一 2.实现公司年产值达到 10 亿元 3.成为亚洲最权威的营销管理专家之一
个人财富	拥有 5000 万元以上的财富	个人财富达到 1000 万元以上
学习成长	1.成为国内外 20 所以上大学客座教授 2.累计出版专著 15 本以上，音像教材 6 套，其中一本发行量 100 万册以上 3.直接或间接帮助 10 万人提升和成长	1.报考工商管理学士并拿到学位 2.出版专著 6 本，音像教材 2 套 3.担任国内 3 所大学的客座教授
人际关系	1.与国内外著名的 20 位教育专家深交 2.与中国最知名的 20 位企业家成为好朋友 3.在世界各地有超过 20 位以上世界一流的企业家朋友	1.与国内 10 位知名企业家深交 2.与国外 3 位知名企业家深交 3.拥有 10 位一流企业家好友
健康休闲	1.身体健康，没有疾病 2.精力充沛，每周定期做各种球类运动	1.每月 1 次高尔夫球运动，每年 1 次登山活动 2.每年带家人国外旅游 2 次，国内游 2 次

按照前面的方法，思考设定一下你的人生蓝图。

时限 类别	人生终极目标（60岁以后）	远期目标（10年内）
事业目标		
个人财富		
家庭生活		
学习成长		
人际关系		
健康休闲		

2. 设定你的中期和近期目标

赵峰设定了他的终极目标（60岁以后），开始往回设想，制定了他的远期目标（10年）、中期目标（5年）和近期目标（1~3年）目标。

参考赵峰的目标,设想一下每个阶段你希望达成的目标,把它们一一写下来。

时限 类别	中期目标(5年内)	远期目标(1~3年内)
事业目标	1. 推动公司年产值达到5亿元以上 2. 成为中国最具影响力的营销专家之一	1. 推动公司年产值达到2亿元以上 2. 成为公司股东之一 3. 培养出10位分公司营销副总
个人财富	个人财富超过500万元	每年税后收入不低于150万元
家庭生活	1. 定居上海,购买一套90平方米的住宅 2. 接父母到上海一起住 3. 帮助太太把她的茶楼开起来	1. 养育一个可爱的宝宝 2. 每年回昆明看望父母2次
学习成长	1. 每年参加专业培训10次,看100本书 2. 出版营销专著1本	1. 每年参加专业培训10次,看100本书 2. 拥有EMBA学位 3. 每年10场演讲
人际关系	1. 与10位传媒界人物成为朋友 2. 认识10位国内外知名企业家朋友	1. 与国内5位知名企业家成为朋友 2. 与行业领域的5位专家成为朋友
健康休闲	1. 每天锻炼1个小时 2. 每周打2个小时乒乓球 3. 每年同家人外出旅游2次	1. 每周打2小时乒乓球 2. 每年带家人国外旅游1次

填写你的中期目标和近期目标。

时限 类别	中期目标（5年内）	近期目标（1~3年内）
事业目标		
个人财富		
家庭生活		
学习成长		
人际关系		
健康休闲		

3. 设定你的年度目标

赵峰是从财务指标、客户指标和管理指标三个角度来设定他的年度事业目标，他比较注重数字说话、结果导向，并提前规划了达成目标的方法和措施，每一项目标都有起止的时间，便于检索和检测结果。

第一项 目标管理

案例示范：

类别	序号	目标内容	方法和措施	起止时间	完成打√
事业目标	财务指标	1.收入8000万元 毛利润2400万元 • 老业务收入4000万元 毛利润1400万元 • 新业务收入2000万元 毛利润400万元 • 新客户收入2000万元 毛利润600万元 2.现金回款100% 3.成本削减5% 4.应收款为0	1.研发2个高端产品 2.研发2个中端产品 3.开发北京、天津、沈阳、西安、福州、成都6个新区域 4.改良老客户,建立铂金客户服务团队 5.发展新代理商20家 6.招聘70名学习顾问 7.完成零缺陷服务客户手册 8.用"绩效飞轮"进行管理	6月、10月各1个 3月、6月各1个 1月~12月 1~3月 3~9月 3月 1~6月 每周	
	客户指标 1	客户满意度99%	保证课程品质,提升会务质量,每次会务总结会后立即整改	1~12月	
	客户指标 2	客户流失率1%	投诉电话改为自己的手机号码,第一时间解决问题,制定服务客户的奖罚规则	1~12月	
	客户指标 3	重复购买率70%	加大服务跟踪力度,及时推荐新产品	1~12月	
	客户指标 4	客户转介绍率80%	1.把电话销售转成顾问营销 2.举办各地区同学会 3.增加客户附加服务	1~12月	
	管理指标 1	组织员工培训200个小时	每周二17~20点例行培训3小时 每月一次全体员工专业技能训练	1~12月	√
	管理指标 2	制度执行力100%	每日晨夕会上检查与自我检查	1~12月	√
	管理指标 3	培养5位总监人才	1.强化学习与考核 2.每月集中培训交流	1~9月	√
	管理指标 4	培养10个推广讲师	从每季度"讲师训"活动中筛选人才	3~9月	√
	管理指标 5	员工满意度100%	执行"三欣四新"会流程（注：三欣：①欣赏自己②欣赏伙伴③欣赏公司。四新：①自我反省②他人反馈③新承诺④新方法）	1~12月	√

马上来设定你本年度的事业目标。

类别	序号	目标内容	方法和措施	起止时间	完成打√
事业目标					

人生不光只有事业，我们倡导高效工作、平衡生活，除了工作，也要让自己和谐快乐！来看看赵峰是如何设定生活目标的。

案例示范：

类别	序号	目标内容	方法和措施	起止时间	完成打√
财富目标		税后年收入100万元以上	完成业绩目标和利润目标	1.1~12.30	
家庭生活	1	接父母来上海	太太去接	9.1~9.30	
	2	买一辆30万元轿车	①了解新车资讯，提前规划 ②每月业绩达标	12.1~12.30	
	3	与太太每两周看一次电影，就餐两次	列入《行动日志》	1.1~12.30	
学习成长	1	报考EMBA	①查阅资料选定学校 ②复习备考	1.1~12.30	
	2	每月看完8本书籍并做笔记	写入日志，每周自我检查	1.1~12.30	
人际关系		与国内2位知名企业家成为朋友	①在客户中认识 ②请朋友引荐认识	1.1~9.30	
健康休闲	1	去香港旅游一次 去少林寺旅游一次	提前规划时间	1.1~12.30	
	2	每周打2个小时乒乓球			

马上来设定你本年度的生活目标。

类别	序号	目标内容	方法和措施	起止时间	完成打√
财富目标					
家庭生活					
学习成长					
人际关系					
健康休闲					

4. 把年度目标拆分到月

设定你的月度目标

将你的本年度目标计划再分解到每个月，找方法、找措施，并进行每月评估总结。

把年度目标和工作计划再继续分解到每个月

把年目标向月目标分解时，要保持与总体目标方向一致，内容上下贯通，从而保证总体目标的实现。目标分解应始终围绕事业、理财、家庭生活、学习成长、人际关系、健康休闲六大领域原则进行。不同领域的月目标，都要最终体现年目标的达成，并保证总体目标的实现。

目标分解时，还要注意到各分目标所需要的条件及其限制因素，如人力、物力、财力和协作条件、技术保障、法定假期等因素。各领域目标之间在内容与时间上要协调、平衡，并同步发展。目标分解的表达也要简明扼要，有具体的目标值和完成时限。

评估月目标完成情况

（1）首先需对应你的月初目标，来评估本月目标的完成情况，如果完成了，分析完成的原因与成果，把好的方法进行总结优化，为下个月的目标达成积累成功经验。

（2）然后找出未完成的目标，仔细思索未完成的原因与障碍。

（3）找出克服障碍的对策与方法，通过自我学习或向别人请教，为以后的目标达成做准备。

（4）看看本月有没有创新与收获，继续保持。

把年度目标和工作计划再继续分解到每个月

事业目标 | 本月其他目标
理财规划 → 家庭生活 → 学习成长 → 人际关系 → 健康休闲

↓

每月月底针对本月目标进行总结

本月目标完成情况 ▶ 未完成目标的原因和障碍 ▶ 克服障碍的对策和方法 ▶ 本月创新与收获

· 第一项 目标管理 ·

让我们继续来看赵峰的月度目标以及他的月度总结。

类别	重要级别	目标内容	方法和措施	完成打√
工作指标	A1	收入 800 万元，毛利润 240 万元 ·老业务 200 万元，毛利润 120 万元 ·新业务收入 200 万元 毛利润 60 万元 ·新客户收入 200 万元 毛利润 60 万元	1. 推出高端产品 LDL 项目 2. 推出第 2 个中端产品"销售经理特训营" 3. 北京分公司开业，员工上岗 4. 与 2 家代理商签约，派讲师进驻培训辅导 5. 零缺陷客户服务手册完稿	
	A2	现金回款 800 万元	列入业务员 A 级目标，与奖金挂钩	
	A4	成本削减 5%	所有支出严格按预算执行	
	B3	客户满意度 99% 流失率 1%	保证课程品质和会务品质，每次会后总结整改完善	
	B1	客户重复购买率 80%	客户咨询电话改为我的手机号码	
	B2	客户转介绍率 80%	组织上海同学会，进行打靶比赛	
	A3	员工培训 20 个小时	每周二 17~20 点例行培训 3 小时，本月 19 号全体员工参加销售训练营一天	
	C	制度执行力 100%	每日晨夕会检查	
其他目标	理财规划		汇丰银行开户，购买 XX 基金	
	家庭生活		本月 18 号昆明演讲结束后去看父母	
	学习成长		查询报名 EMBA	
	人际关系		认识徽商协会许会长	
	健康休闲		每周打 2 个小时乒乓球	

· 57 ·

本月总结	🔻 **本月目标完成情况** 1. 收入目标 800 万元，实际完成 750 万元 2. 毛利润目标 240 万元，实际完成 200 万元 3. 新产品延期推出
	🔻 **未完成目标的原因和障碍** 1. 客户延期签约 2. 新闻发布会现场临时更换音箱，租金超出预算 3. 新员工目标未完成
	🔻 **克服障碍的对策和方法** 1. 跟进铂金客户 2. 加强新员工培训力度 3. 控制采购成本，源头购买 4. 十五天内新产品推出上市
	🔻 **本月创新与收获** 寓教于乐，尝试休闲式培训，效果不错。

第一项 目标管理

学着赵峰，设定一下你的月度目标。

类别	重要级别	目标内容	方法和措施	完成打√
工作指标				
其他目标	理财规划			
	家庭生活			
	学习成长			
	人际关系			
	健康休闲			

本周总结	▶ 本月目标完成情况
	▶ 未完成目标的原因和障碍
	▶ 克服障碍的对策和方法
	▶ 本月创新与收获

5. 把月度目标拆分到周

让我们来看看赵峰的周目标。他按照优先级别列出了本周事项，并明确完成期限。

优先顺序	本周工作目标 1.请参考月目标分解本周事项 2.请在上周五前规划填写 3.按目标重要程度规划优先顺序 4.填写完成时限，并对应到相应日期	完成期限
A1	收入200万元	周五
A2	拜访、服务10位铂金大客户	周五
A3	面试5人	周三
B	团队培训1次	周四
本周其他目标		
理财规划	购买××基金	
家庭生活	周四晚上陪太太看电影	
学习成长	看完2本书籍	
人际关系	周六去拜访徽商协会许会长	
健康休闲	打2个小时乒乓球	

本周工作总结
目标完成情况
1.收入完成220万元　2.大客户拜访5家　3.面试6人　4.培训
未完成目标的原因和障碍
大客户拜访不达标的原因是伙伴与铂金客户的关系不到位
改进方法
在本月组织一次全员的大客户客情关系的培训
本周创新与收获
启用岗位胜任力模型,招到公司真正需要的人才

· 第一项 目标管理 ·

参考赵峰的周目标，设定你的下周工作目标。

优先顺序	本周工作目标	1. 请参考月目标分解本周事项 2. 请在上周五前规划填写 3. 按目标重要程度规划优先顺序 4. 填写完成时限，并对应到相应日期	完成期限
	本周其他目标		
理财规划			
家庭生活			
学习成长			
人际关系			
健康休闲			

本周工作总结
目标完成情况
未完成目标的原因和障碍
改进方法
本周创新与收获

6. 把周目标拆分到日

赵峰把周目标又拆分到了日,我们选取了周四和周五两天的内容给大家参考。

周四			2018 年 6 月 7 日	
按 ABC 分类	起止时间	今日事项 要事第一 (A 类:最重要 B 类:重要 C 类:次重要)		完成打√
A3	9:30~11:00	销售经理特训营课题研讨		√
A1	11:30~13:30	拜访长江电力薛董,一起就餐		√
A2	14:00~14:30	给帛阳华润王云峰总经理去电商谈合作事宜		√
B	16:00~19:00	推广讲师演讲比赛		√
		—		
		—		
		—		

今日学习:演讲比赛中学到别人的长处
改进方法:四只眼睛看市场
心态管理:以下每项做到评10分,未做到评0分。
认真 __10__ 分　　快 __10__ 分　　坚守承诺 __10__ 分　　保证完成任务 __10__ 分 乐观 __10__ 分　　自信 __10__ 分　　爱与奉献 __10__ 分　　决不找借口 __10__ 分 　　　　　　　　　　　　合计为 __80__ 分　　请标到每月心态曲线图中

周五			2018年 6月8日	
按ABC分类	起止时间	今日事项 要事第一 （A类：最重要 B类：重要 C类：次重要）		完成打√
B	9:00~11:00	与杭州、广州、深圳公司讨论新客户开发计划		√
A3	11:00~12:00	电话拜访2个大客户		√
A2	15:00~16:00	润安公司徐总来访		√
A1	16:00~18:00	重庆联盟商协议签订		√
	—			
	—			
	—			

今日学习：看《砍掉成本》学到具体方法

改进方法：沟通前站在对方立场思考，沟通时注意自己语气语调，多聆听

心态管理：以下每项做到评10分，未做到评0分。

认真 _10_ 分　　快 _10_ 分　　坚守承诺 _10_ 分　　保证完成任务 _10_ 分

乐观 _10_ 分　　自信 _10_ 分　　爱与奉献 _0_ 分　　决不找借口 _10_ 分

　　　　　　　　　　　　　合计为 _70_ 分　　请标到每月心态曲线图中

· 第一项 目标管理 ·

学着设定你明天和后天的工作目标。

周_____			年 月 日
按ABC分类	起止时间	今日事项 要事第一 （A类：最重要 B类：重要 C类：次重要）	完成打√
	~		
	~		
	~		
	~		
	~		
	~		
	~		
	~		

今日学习：

改进方法：

心态管理：以下每项做到评10分，未做到评0分。

认真_____分　　　快_____分　　　坚守承诺_____分　　　保证完成任务_____分

乐观_____分　　　自信_____分　　　爱与奉献_____分　　　决不找借口_____分

合计为_____分　　请标到每月心态曲线图中

周_____			年 月 日
按ABC分类	起止时间	今日事项 要事第一 （A类：最重要 B类：重要 C类：次重要）	完成打√
	~		
	~		
	~		
	~		
	~		
	~		
	~		
	~		

今日学习：
改进方法：
心态管理：以下每项做到评10分，未做到评0分。 认真_____分　　快_____分　　坚守承诺_____分　　保证完成任务_____分 乐观_____分　　自信_____分　　爱与奉献_____分　　决不找借口_____分 　　　　　　　　　　　　　　合计为_____分　请标到每月心态曲线图中

7. 每周总结，矫正目标

一周结束后，我们要对应周目标，评估目标完成的情况，思考没有完成目标的原因和障碍，找到克服障碍的对策和方法，并且总结本周有无创新和收获。

以下是赵峰一周的总结

案例示范：

本周工作总结
目标完成情况
1. 收入目标 200 万元，实际 160 万元
2. 毛利润目标 60 万元，实际 48 万元
3. 新产品延期推出
未完成目标的原因和障碍
1. 客户延期签约
2. 新员工目标未完成
克服障碍的对策和方法
1. 跟进铂金客户
2. 加大新员工培训与考核力度
3. 有效管理时间，日清日高
本周创新与收获
演讲比赛，员工参与度高，效果好

试着总结一下你上周的目标完成情况。

本周工作总结
目标完成情况
未完成目标的原因和障碍
克服障碍的对策和方法
本周创新与收获

8. 循环往复,天天修炼

每秒摆一下

一只新组装好的小钟被放在两个旧钟当中。两只旧钟"嘀嗒"、"嘀嗒"一分一秒地走着,其中一只旧钟对小钟说:"来吧,你也该工作了,可是我有些担心,你走完三千二百万次以后,恐怕你吃不消!"

小钟吃惊不已,"天呐,三千二百万次,我要做那么大的事,办不到,办不到!"

另一只钟说:"别听别人胡说八道,不用害怕,你只要每一秒'嘀嗒'摆一下就行了!"

小钟将信将疑,"天底下哪有这样简单的事情,如果这样,我就试试吧!"

小钟很轻松地每秒"嘀嗒"摆一下,不知不觉中,一年过去了,它摆了三千二百万次!

每个人都希望梦想成真,成功却似乎远在天边、遥不可及,倦怠和不自信让我们怀疑自己的能力,放弃努力。

其实，我们不必想太多，只要想着现在要做的事，然后努力去完成，就像那只小钟一样，每秒"嘀嗒"摆一次，循环往复，通过每天的不断累计，就会看到效果，实现成功结果！

六、四条重要建议

- ◆ 前一天晚上设定明日目标
- ◆ 上周末前设定下周目标
- ◆ 上月月底前设定下月目标
- ◆ 上年度年底前设定明年目标

七、心在远方，路在脚下

目标设定完后，就要严格地贯彻执行，说到做到，坚守承诺，哪怕是很小的目标都要坚持完成，只有完成每天的目标，才能完成每周的目标，才能完成每月的目标、每年的目标，最后实现你终极的人生规划！

故事分享

从实现小目标到实现冠军梦

1984年,在东京国际马拉松邀请赛中,名不见经传的日本选手山田本一出人意料地夺得了世界冠军。当记者采访他时,他告诉了众人这样一个成功的秘诀:

我刚开始参加比赛时,总是把我的目标定在四十多公里外终点线上的那面旗帜上,结果我跑到十几公里时就疲惫不堪了,我被前面那段遥远的路程给吓倒了。后来,我改变了做法。每次比赛之前,我都要乘车把比赛的路线仔细地看一遍,并把沿线比较醒目的标志画下来,比如第一个标志是银行,第二个标志是一棵大树,第三个标志是一座红房子……这样一直画到赛程的终点。比赛开始后,我奋力向第一个目标冲去,等到达一个目标后,我又以同样的速度向第二个目标冲去。四十多公里的赛程就这样被我分解成这么几个小目标轻松地跑完了。

制定目标要以终为始，实现目标则要从最基础的小事开始做起。一年365天，天天目标评估，反省改进，日积月累，没有完不成的目标。

第二项 心态管理

成功属于那些抱有积极心态的人。你的成就、健康、幸福、财富全靠你如何应用自己看不见的法宝：积极心态。

上一章我们设定了人生的目标，然而，真正检验我们能否最终实现目标的并不是第一步，而是五项管理的第二步：心态管理。在迈向目标的旅途中，无论处境多么艰难，无论遭受多少出乎意料的打击，都要管理好自己的心态，坚持下去，决不放弃，并始终积极乐观。

　　积极乐观的心态管理，是迈向成功人生的第二堂必修课。

一、心态修炼第一步：决不放弃

心态是什么呢？心态就是我们内心的信念和外在的状态。我们内心要相信自己，相信目标。相信目标是实现人生价值的起点，在实现目标的过程中要不畏挫折，不畏将来。

故事分享

小小跆拳道馆的艰难启航

在上一章中我设定了目标：力争在10年之内把跆拳道运动做到中国第一。实现目标的第一步，就是开办跆拳道学习班。

没想到事情远比想象的艰难。当时的昆明有一个非常强大的武林组织，带头大哥为侯某。他以周家拳闻名，这是一种东南亚地区凶猛强悍的武打技术，在当时吸引了一大批武术爱好者。周家拳在当地逐渐形成了一种行业霸权：对于所有周家拳以外的习武门派，他们一定要以上门比武的方式进行挑战，然后在极短的时间内击败对手,从而保持了周家拳在云南武术界的垄断地位。

　　我有很多师父和师兄,因为害怕与周家拳门下的比武而退出江湖,放弃跆拳道了。因为他们觉得侯某人多势众,自己根本不是对手,再练下去只有自讨苦吃。可是,我不能放弃。因为我的目标不光是锻炼身体,还要把跆拳道这项运动做到中国第一。我不能退出,也不能躲到深山中修炼,必须要在大庭广众之下开道馆、教学生。为了实现我的目标,我开始在公共场所教授别人跆拳道。开班第一天,侯某就向我发起了挑战,以他们比武的实力,不到1分钟我就被打倒在地上。回去后,我照镜子发现,我的眼睛、嘴、鼻子、耳朵都已经被打变形了。

　　设定目标是简单的,但是实现目标的过程却是非常非常艰难的。在坚持面前,放弃是最简单的事情,我只要说一声不练了,就再也不会遭到他们这样的殴打。但是如果我放弃了,我的未来在哪里?我又如何实现把跆拳道运动做到中国第一的目标呢?

我必须还要继续,不能放弃,因为目标在召唤我,我要为目标再次奋斗。

二、源自内心的两大力量

为了坚持下去,我一次又一次疗伤,一次又一次地站了起来,屡败屡战。但是现实很残酷,一次又一次的打击让我的心态已经接近崩溃的边缘,我越来越怀疑自己还能否坚持下去,能否实现自己的目标。因为侯某他们的比武经验比我老道多了!我想向别人寻求帮助,但别人一听是侯某打我,没人敢帮我。所以,向外求助是永远实现不了目标的。而当你把焦点放在你身体以外的事情,放在环境、放在社会、放在别人身上,就会抱怨、指责、会觉得社会不公平、世界太无情,甚至放弃目标。

目标与别人没有任何关系,它能否实现只与自己密切相关。不要去指望别人能帮我们达到目标,因为目标从来不属于别人,它只属于我们自己。所以我不再对外界报以希望和乞求,不指望外

人投来同情的目光，也不祈祷外人在我苦难的时候能够施以援手。我要对自己负责，对我的目标负责，接受这一切。因此，我全然地接受了侯某，接受他们的挑战。这时我感受到了源自内心的两种力量。

1. 相信自己的力量

相信自己制订的目标，相信自己一定能够成功，要全然接受现实。倘若我们放弃了，这世界上无非是多了一个平庸的人而已，而我们的目标也将无法实现。

2. 内向思维，操之在我

"内向思维"的意思是，当发现问题时，要向自己来寻找问题的原因和答案，而不是去外界找寻。"行有不得者皆反求诸己"，很多人习惯一出现问题，先去找别人的原因，却丝毫不去审视自身，结果只能导致抱怨与指责，对实现目标毫无帮助。"操之在我"的意思是，对目标负全责，不要受外在的影响。所有的外在因素都无法起到决定性作用，只有自我的决心才是实现目标的关键。侯某他们可以阻止我授课，打断我一次又一次的教课，但他们无法阻止我"继续"教课的决心。为了对付他们，我想尽各种办法。比如，我不断变换授课地点，进行"游击式"教学；灵活机动地调整教学时间，甚至在凌晨4点开始教学，让侯某他们摸不着规律，无法上门挑战。渐渐地，我的跆拳道学习班不但继续生存，并日益壮大了起来。

这两种力量的实质是什么？实质就是我的内心被激活了，从消极心态变成了积极心态。

三、你的心态是积极的还是消极的

人与人之间只有很小的差异，但这种差异却造成了人生结果的巨大差异：很小的差异就是人生的态度是积极的还是消极的，巨大的差异就是结果的成功与失败！

美国研究机构对1000名世界知名成功人士的调研结果表明：

"积极的心态决定了成功的85%"。

因此，有什么样的心态，就有什么样的思维和行为，就有什么样的环境和世界，就有什么样的未来和人生。

以下小测试让你从侧面了解自己属于积极心态还是消极心态：

你来到度假胜地，入住酒店后推开窗户，你会看到什么样的景色呢?

  A. 看见酒店的游泳池和人群

  B. 看到海边和在那里玩的人们

  C. 看见远方有一座岛

  D. 看见窗外宽大的阳台,上面种着五颜六色的花草

答案中看到东西的距离感,表示你对未来的展望!

选择A:有点消极型。酒店的游泳池,一般都靠近窗边,距离不远。

选择B:积极型。认为自己的未来很乐观。

选择C:超积极型。可以看到那么远的距离,你对未来的展望很远。

选择D:超消极型。只能看到这么近的东西,未来实在不容乐观。

心态就是内心的信念和外在的状态

心态只有两种，积极的和消极的

积极的 消极的

心态

四、成功青睐心态积极的人

故事分享

从"游击队"到全国第一，我们做到了！

在我的不断努力下，我的跆拳道馆逐渐壮大。我不断研究新式打斗技术，日夜研究格斗的技巧。同时，为了对付侯某的众多弟子，我必须建立属于自己的团队，并且加倍努力训练团队。我在与侯某不断的"游击战"锻炼中，循环往复，锲而不舍。

最后的结果是：1990年，侯某的九州武馆和我当时的跆拳道馆各派出12名队员，进行最后的决战。结果是我们8人获胜，4人受伤；而对方是8人受伤，4人获胜。我们取得了绝对的胜利！

这对侯某的九州武馆来说是一个无论如何也不能接受的结果，因为在他们的思维当中，应该是全胜的，万万没想到有8个人被我们打败了。所有九州武馆的人心态都崩盘了。九州武馆也随之关门，湮灭于历史之中。

我们的跆拳道运动从那时起飞。1994年，在昆明举办了第一届全国跆拳道比赛，实现了我们的梦想和目标。我们成立了中国第一个跆拳道协会：昆明跆拳道协会。

将跆拳道运动做到中国第一的目标，我们达成了！

一个人的目标被激活了还不够，那只是指南针和起点。心态是你内心的信念、想法和看法以及外在的状态。失败的人总是在指责外部，从不认识自己，受一点挫折之后便开始怀疑，甚至猜测别人的成功都是碰运气、靠关系。

把焦点放在自己身上，要积极乐观。当你用不同的心态来看待外部环境时，就会产生截然不同的结果。决定一个人成就的是个人内在的信念、心态，积极的心态可以帮助我们获得成功。

1. 学会去看积极的一面

秀才的三个梦

有一个秀才进京赶考，在考试之前他做了三个梦，然后对梦百思不得其解，第二天找了个算命先生解梦。算命先生问他：你都做了什么梦？

秀才：我昨天晚上梦见自己在高高的墙上种了一棵白菜，又梦见自己在大雨当中戴斗笠还打雨伞，我还梦见自己和心爱的女朋友背对背地坐在床上。

算命先生：你这次来干什么的？

秀才：我来赶考啊！

算命先生：你不用考了。

秀才：为什么？

算命先生：你在高墙上种白菜，这不是白种吗？哪有在高墙上种白菜的？你在大雨中戴斗笠还打雨伞，不是多此一举吗？你和心爱的女朋友在床上背对背地坐着，都到了床上还背对背，没戏了，回去吧！

这个秀才很伤心，晚上回到客店准备收拾行装回去了。

店主人：你还没考试怎么要走了？

秀才：因为我昨晚上做了三个梦。

店主人：你做了哪三个梦？

秀才又把昨晚做的梦从头到尾跟店主人说了一遍。

店主人：不对啊，在高墙上种白菜，不是白种，是高中；你在大雨当中戴斗笠还打雨伞，不是多此一举，而是万无一失；你和女朋友在床上背对背地坐着，不是没戏，是翻身的日子到了，你翻过身不就搞定了吗？

秀才听了，大喜过望，留下来考试，果然高中！

世界上的事，总有好坏两面，古语说道："塞翁失马，焉知非福"，也是让我们学会去看待积极的一面。积极的心态能激发高昂的情绪，帮助你忍受痛苦，克服恐惧，并且凝聚坚忍不拔的力量；消极心态却使人自我设限，怀疑退缩，最终丧失机会。

2. 积极的心态创造人生

伍登的积极秘诀

美国传奇教练伍登带领球队在全美十二届篮球年赛中为加州大学洛杉矶分校赢得了十次全国总冠军，被大家公认为有史以来最称职的篮球教练之一。

有记者问他："伍登教练，请问你是如何保持这种积极心态的？"伍登很愉快地回答："每天我在睡觉前，都会提起精神告诉自己，我今天的表现非常好，而明天的表现会更好。""就只有这么简短的一句话吗？"记者有些不敢相信。伍登肯定地回答："简短的一句话？这句话我可是坚持了二十年！重点和简短与否没关系，关键是你有没有持续去做。如果无法持之以恒，就算是长篇大论也没有帮助。"

　　伍登的积极心态超乎常人，不单单是对篮球执着，对于其他生活细节也保持着这种精神。例如，有一次他与朋友开车到市中心，面对拥挤的车潮，朋友感到不满，继而频频抱怨，但伍登却欣喜地说："这真是个热闹的城市。"朋友好奇地问："为什么你的想法总是异于常人？"伍登回答说："一点儿都不奇怪，我是用积极的心理来看待事情，我的生活中永远都充满机会。这些机会的出现不会因为我的悲或喜而改变，只要不断地让自己保持积极的心态，我就可以掌握机会，进而激发更多的潜在力量。"

　　对事物的判断和由此带来的结果，取决于我们看待事物的心态。我们对事物的看法没有绝对的对错之分，却一定会有积极和消极之别，而积极和消极的方式产生的结果却又大相径庭。同样一件事情，有人看到的是转机，有人看到的是危机。努力培养积极的心态，你可以从许多人、事、物当中，洞悉他人所无法体会的绝妙世界。

故事分享

塞尔玛父亲的来信

塞尔玛陪伴丈夫驻扎在坐落于沙漠的陆军基地里。丈夫奉命到沙漠去演习,她一个人留在陆军的小铁皮房子里,天气热得令人受不了。她身边的墨西哥人和印第安人不会说英语,没有人可以陪她聊聊天。她非常孤独也非常难过,于是就写信给父母,说要丢开一切回家去。

她父亲的回信只有两行,这两行字却永远地留在了她的心中:"两个人从牢中的铁窗望出去,一个看到泥土,一个却看到了星星。"塞尔玛一读再读这封信,觉得非常惭愧。她决定要在沙漠中找到星星。后来,她成了世界著名的沙漠专家。正是良好的心态改变了塞尔玛的命运。一个人心态不同,看到的就会不同,感受到的也会不同。

心态改变命运,积极的心态创造人生,消极的心态消耗人生。积极的心态是成功的起点,是生命的阳光和雨露;消极的心态是失败的源泉,是生命的慢性杀手,使人受制于自我设置的内心阴影。选择了积极的心态,就等于选择了成功的希望；选择了消极的心态，就注定要走入失败的沼泽。正如歌德所说："往前看的人，总比往后看的人要聪明。"如果我们想成功，想把美梦变成现实，就必须摒弃扼杀潜能、摧毁希望的消极心态。

3. 如何转换心态

（1）删除消极的思维，包括消极的信念、消极的字眼、消极的语言

不行、办不到、不可能、那是运气、别人为什么不好、外界为什么不帮助、这个社会不公平不公正……一旦说出这种消极、怀疑、猜测、抱怨、指责的语言，就说明你的焦点仍然在外部，没有转换到内向思维，要立即停止这种外向思维。

（2）将焦点转移至内向思维

把注意力从外部转移、聚焦到自己身上。我们的看法、想法决定了与外界相处的方式，外在的世界有好也有坏。横看成岭侧成峰，远近高低各不同，关键在于我们如何理解。为什么那么多成功人士能够把挫折当存折，把压力当成动力，把障碍当成最爱呢？就是因为他们觉得障碍不是来阻拦他们的，而是来帮助他们成长的。

（3）正常和福气

如果你去拜访客户，客户拒绝了你，那很正常，但是如果客户接受了你呢？那就是福气。所有的事情都依循这样的思路，当所有的事情都变得"正常"和"福气"的时候，你的心态就达到了积极的一面。

（4）太好了

当你遇到打击和挫折的一瞬间，对自己说一句：太好了！

就像普基林所说的那样："语言是人类所使用的最有效的麻醉剂。"正面的语言具有振奋人心的力量，可以鼓励、激发自己和别人的潜能，从而让人感到欢乐与安慰。在令人灰心的事情发生之后，正面的语言能够迅速与负面情绪产生对冲的效果，并有效控制消极情绪的蔓延。

比如你的车被偷了，你可以对自己说：太好了，我可以走路锻炼身体了！

比如你被老板训斥了，你可以对自己说：太好了，老板终于开始器重我了！

比如客户没有签单，你可以对自己说：太好了，我还有成长空间可以做得更好！

在我的生命里程里，每当遭遇挫折、困难和障碍，我都对自己说：太好了！我用积极的心态去面对和接受挑战，我从不说消极话，不唱消极歌，不和消极人来往，也从不愁眉苦脸，所以在我的生命里没有悲伤、没有痛苦、没有打击、没有挫折，也没有失败，因为在我看来，生命中的一切都太好了！

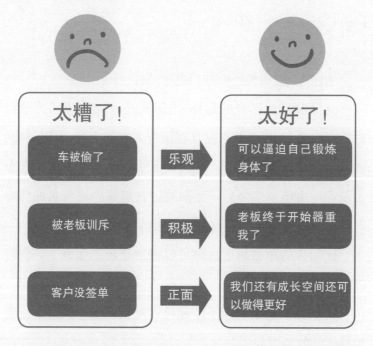

4. 积极心态的八个关键词

现在，你已经了解了积极心态对成功至关重要，接下来我们就要学会如何来培养自己的积极心态。

通过我们的研究，积极心态有以下八个关键因素：

认真：高品质，第一次就要做好，不马虎、足够投入、零缺陷。

快：高效，当日事当日毕，不拖延，不做无价值创造，不浪费时间。

坚守承诺：诚信，说到做到，不虚假。

保证完成任务：100%的目标完成率，坚持到底，不能放弃。

乐观：快乐，积极思维，不悲观失望，不抱怨指责。

自信：相信自己，接受挑战和怀疑，不害怕，不说"不可能"。

爱与奉献：给予，帮助别人，不索取，不自私。

决不找借口：承担责任，不找借口，不找理由，不说我是受害者。

这八个关键因素看似很简单，但要真正做到，就必须每日修炼，成为你的习惯，最终养成积极的心态。

八个关键因素

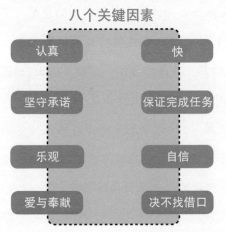

五、管理你的积极心态

1. 认真

认真才能保证品质，工作当中有工作品质，人际关系有人际关系的品质，你做的每一件事情都有品质，而品质只有一样东西可以保证，那就是认真的态度。

最佳计划

美国前国务卿基辛格博士非常注重培养下属认真做事、保证品质的习惯。有一次，他的助理将一份写好的计划交给他，并询问他对该计划的意见。基辛格面带微笑地问道："这是你能做的最好计划吗？"下属犹豫了一下，回答："我相信再做一些细节改进，一定会更好。"

两周后，助理再次递上了自己的成果。基辛格还是和善地问："这的确是你能拟订的最佳计划吗？"助理后退了一步回答："也许还有一两个细节可以改进，也许还有些地方可以做一些说明……"

助理手上拿着那份计划走出基辛格的办公室后,下定决心要全力以赴,认真做出一份任何人,包括基辛格也必须承认的"完美"计划,于是这位助理以饱满的热情日夜工作了三周,计划终于完成了。他非常得意地大步走入基辛格的办公室,将计划交给了他。

这一次,当听到基辛格那个熟悉的问题"这是你能做得最完美的计划吗",他没有犹豫,非常自信地说:"是的,国务卿先生!"

"非常好!"基辛格说,"这样的话,我有必要好好地读一读了!"

2. 快

故事分享

"谁快谁就赢"

在非洲一个宽广无边的大草原上,每当清晨太阳升起时,一只羚羊就会从睡梦中惊醒,它醒过来马上想

> 到的第一件事情就是：我要赶快跑，如果狮子来了会把我吃掉，所以翻身起来就朝着太阳的方向飞奔而去。但是羚羊万万没想到，就在它醒过来的同时，狮子也醒过来了，狮子醒过来想到的第一件事情就是：我要赶快跑，因为它想到如果羚羊跑掉了，它就会被饿死，所以狮子翻身爬起来也朝着太阳的方向飞奔而去。

两种动物的力量悬殊，但在面临生存时，问题只有一个：那就是谁快谁就赢。今天的社会道理是一样的，快可以领先，快可以掌握主动权，快就是效率。对那些成功人士而言，快意味着他们对时间的有效管理，对生命的珍惜；快意味着他们会马上行动，全力以赴。绝不拖延，一切竞争都是速度的竞争。

我小时候在练武术的时候，一直在追求绝招，一直在想"九阴白骨爪"，一直在想"葵花宝典"，一直在想能够学到绝招号令群雄，华山论剑，但是有一天我的师傅跟我说，百招有百解，不管你什么绝招，都可以给你解开，但是唯有一样东西是不能解的，那就是速度，唯快不能解。快是效力，这是成功人士必备的第二个条件。

谁快谁就赢

我要赶**快**跑，如果被狮子追到，会把我吃掉

我要赶**快**跑，如果羚羊跑掉了，我就会被饿死

3. 坚守承诺

故事分享

承诺比生命更重要！

400多年前，有一个名叫巴伦支的荷兰人，带领17名船员出航，他们到了地处北极圈的三文雅。可第二天清晨，他们突然发现自己的船被冰封在海里，巴伦支船长和17名荷兰水手在孤立无援的条件下度过了8个月漫长的冬季。他们烧掉了甲板御寒，靠打猎来取得勉强维持生存的食物，在这样恶劣的险境中，8个人死去了。

> 但他们却丝毫未动别人委托的货物，哪怕里面有可以挽救他们生命的衣物和药品。冬天终于过去了，幸存的巴伦支船长和9名水手把货物完好无损地带回荷兰，送到委托人手中。在当时，巴伦支船长和船员们的做法震惊了整个欧洲，也给整个荷兰赢得了海运贸易的世界市场。他们完美地诠释了承诺比生命更重要！

很多时候，人不能坚守承诺有两个原因：

（1）轻言承诺，却从来没有认真地对待承诺，这种人是很难成功的，没有人会相信他，他自己也不会相信自己。

（2）出尔反尔，找客观原因。

坚守承诺要从小事做起，哪怕你承诺今天回去看望父母，确定了几点钟回去，就坚决赴约。哪怕你承诺今天去锻炼身体，坚决说到做到。哪怕你承诺今天拜访一个客户，坚决做到。千万不要轻言承诺，对每一个承诺你都要认真对待，说到做到，决不虚假。

4. 保证完成任务

"保证完成任务"是一种决定个人乃至企业命运的执

行力,它在任何时候都能让你充满朝气、干劲。在竞争趋于白热化的商业社会中,缺少执行力的人,根本无法胜任自己的工作,事业也不可能获得成功。

 故事分享

把信送给加西亚

《把信送给加西亚》(A message to Garcia)的作者是 Eebert Hubbard,文章最先刊登在 1899 年的 Philitine 杂志,后来被收录在戴尔·卡耐基的一本书中。

美国战争爆发后,美国必须立即跟西班牙反抗军首领加西亚取得联系。加西亚在丛林密布的山里,没有人知道确切的地点,所以无法写信或打电话给他。但美国总统必须尽快与他合作。

"怎么办呢?"

有人对总统说:"有一个名叫罗文的人,有办法找到加西亚,也只有他才能找到。"

他们把罗文找来,交给他一封写给加西亚的信。关于那个叫罗文的人如何拿了信,把它装进一个油纸袋子里，封好，挂在胸口，划着一艘小船，四天以后在一个夜里，在古巴上岸，消失于丛林中，接着在三个星期之后，从古巴岛的那一边出来，徒步走过一个危机四伏的国家，把那封信交给加西亚。这些细节都不是我想说明的。

我要强调的重点是：麦金利总统把一封写给加西亚的信交给罗文，而罗文接过信之后，并没有问："他在什么地方？他是谁？还活着吗？怎样去？为什么要找他？那是我的事吗？报酬如何？"

罗文只有一句话"保证完成任务！"

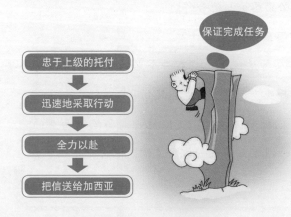

5. 乐观

永远想你自己得到的，不要想你失去的

故事分享

我是谢坤山

台湾残疾画家谢坤山似乎生来就和好运无缘。

由于家境贫寒，没钱供他读书，所以谢坤山很早就辍学了。不过，生活贫困也使他早熟，很小就懂得父母的劳苦与艰辛。因而从12岁起，他就到工地上打工，用他那稚嫩的肩头支撑着这个家。然而命运偏不垂青这个懂事的孩子，总将灾难一次次降临到他的头上。16岁那年他因误触高压电，失去了双臂和一条腿；23岁时，一场意外事故，又使他失去了一只眼睛。

面对命运接踵而来的打击，谢坤山并不抱怨，也没有因此沉沦。但为了不拖累可怜的父母，也为了不拖垮这个特困的家庭，他毅然选择了流浪。带着一身残疾上路，独自一人，与命运展开了博弈。在流浪的日子里，谢坤山一边忙于打工，挣钱糊口；一边忙于公益，救助社会。

后来,他渐渐地迷上了绘画,他想重新给自己灰色的人生着色。起初,谢坤山对绘画一无所知,他就去艺术学校旁听,学习绘画技巧。没有手,他就用嘴作画,先用牙齿咬住画笔,再用舌头搅动,嘴角时常渗出鲜血。少条腿,他就"金鸡独立"作画,通常一站就是几个小时。他喜爱在风雨中作画,捕捉那乌云密布、寒风吹袭的感觉……

在他最困顿的时候,一个名叫也真的漂亮女孩不顾父母的强烈反对,毅然走进了他的生活。有了家的支点,从此谢坤山更加勤奋作画,到处举办画展,作品也不断地在绘画大赛中获奖。苦心人,天不负。后来,他终于赢了人生的残局。他不仅赢得了爱情,有了一个美满幸福的家;而且赢得了事业,成为很有名的画家;同时也赢得了社会的尊重。他的传奇故事,在台湾早已家喻户晓,成为无数青年的楷模。

> 如果你只剩一只眼睛，会不会哭泣？
> 如果你少一只脚，会不会悲伤？
> 如果你失去两只手，会不会痛不欲生？
> 要是你同时丧失了一只眼睛、一只脚、两只手，
> 你还能活下去吗？
> 为什么一个世上最不幸的人，
> 能够活得这么成功、这么自信、这么快乐和幸福？
> 在人生的横逆中，
> 我从不想——我失去什么，
> 只想自己还拥有什么。
> 我告诉自己，一定要再勇敢地站起来！
> 我相信我能，我一定能，
> 虽然还不知道"能"到什么程度，
> 但，至少我必须有个开始的决心。
>
> ——谢坤山

6. 自信

自信是成就的保证，自信是相信自己，相信他人，敢于尝试，决不说"不可能"，一切都有可能性。

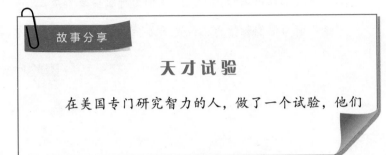

故事分享

天才试验

在美国专门研究智力的人，做了一个试验，他们

在学校 10000 名学生里随机抽取了 20 名,然后召集所有的人集中在操场上,校长对大家说,经过研究人员长期的测试和研究,发现在我们学校有 20 名学生是"国家最顶尖的研究型天才人选",并当众宣布了这 20 名同学的名字。这 20 名同学走到台前,接受校长颁发的证书和所有同学的注目礼。他们很激动,很兴奋,"哇,我们是天才!"

20 年以后,这些孩子长大了。研究人员发现,这 20 名同学有的成了顶尖的企业家,有的成了优秀的职业人士,有的成了行业专家。不管他们在哪个领域,都不负众望,表现出远超常人的能力与努力。但只有研究人员知道,这些孩子其实并没有经过任何测试,只是在名单中随机抽取出来的。但最后他们为什么会真都成了天才呢?因为他们相信自己就是天才,并对此深信不疑。

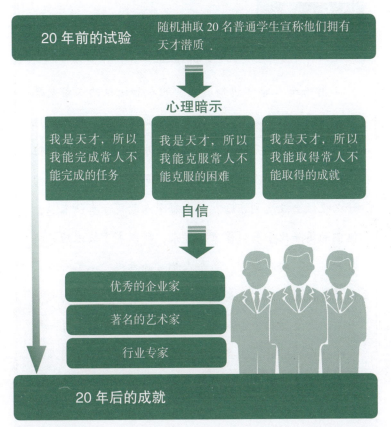

7. 爱与奉献

付出与收获总会在一定程度上等值，付出爱的人会收获更多的关怀。我们要学会爱别人，这样才会有享受被人所爱的机会。富有爱心的人，能让别人和自己同时享受快乐。因为，爱有神奇的力量，双方互惠，施受双赢。

故事分享

天堂和地狱

有一个人非常想知道天堂的人和地狱的人都是怎么生活的，上帝就对他说你先到地狱去看看。他来到地狱一看，地狱的每一个人都饿得黄皮寡瘦哇哇直叫，他们已经很长时间没吃到东西，但是每个人都在吃饭，为什么吃饭会没吃到东西？原来每个人的筷子有一米长，他们的筷子比手长，手拿不过来，所以夹了饭以后，拼命挑过来，转不过弯，每个人都穷凶恶疾，急不可待，但是就是吃不到。他说我再到天堂去看看，他来到天堂一看，天堂的每一个人都兴高采烈，欢声笑语，每一个人吃得白白胖胖。但是让他大吃一惊的是，天堂的人居然也是拿着一米长的筷子，工具是一样的，吃的东西是一样的，结果却不一样，为什么？原来天堂的人拿起筷子先喂别人，这就是天堂。

当你懂得了喂给他人，那个人就会喂你；当你懂得了和十个人去分享，十个人会喂你；当你懂得了与100个人去分享，100个人会喂你，这就是天堂。

在生命的里程里,天堂和地狱完全在于我们一念之间,懂得分享的人有爱心和奉献的精神。爱是一切行动的力量和根源,也是一个人产生使命和责任的源泉。

8. 决不找借口

西点军校的传统

在美国西点军校,有一个广为传颂的悠久传统,学员遇到军官问话时,只能有四种回答:"报告长官,是"、"报告长官,不是"、"报告长官,不知道"、"报告长官,没有任何借口"。除此以外,不能多说一个字。"没有任何借口"是美国西点军校 200 年来奉行的最重要的行为准则,是西点军校传授给每一位新生的第一个理念。它强化的是每一位学员想尽办法去完成任何一项任务,而不是为没有完成任务去寻找借口,哪怕是看似合理的借口。秉承这一理念,无数西点毕业生都取得了非凡的成就。

人在什么时候会找借口？就是在问题发生的时候，就是在没有做好的时候，一旦没有达到我们的目标，一旦出现了障碍、差错，人们马上就会说：那是因为别人，那是因为其他同仁，那是因为朋友，还有……就开始找理由、找借口、找原因，在这个时候开始不想承担责任，但是你越不想承担

失败的人找借口，成功的人找方法

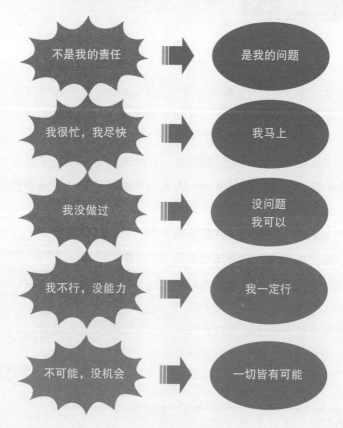

责任就越不能够改进，越不能够自我反省，永远恶性循环。一个不想承担责任的人就会不断地恶性循环，不断地逃避，不断地指责，不断地埋怨，不断地把自己变成一个受害者。

成功人士是怎么做的？不是埋怨，而是接受，他们知道这是自己的问题。所以说，失败的人都在找借口，而成功的人总在找方法。

六、如何管理你的心态

1. 每天给自己的心态评分

五项管理强调"不仅知道还要做到"，知识要变成行为，行为要变成习惯。

所以我们独创出"每日心态管理"的工具表，把积极心态的八个关键因素落实到每一天，每天评估心态，每天打分反省，找到差距，持续改进，训练自己永远保持积极心态，养成积极的习惯。

2. 心态管理的评分标准

心态只有两种，要么积极，评分为10分；要么消极，评分为0分，评分标准如下图：

心态评估项目	10 分标准	0 分现象
认真	第一次做好	马虎、投入不够、有缺陷
快	当日事当日毕	拖延、无价值创造、浪费时间
坚守承诺	说到做到	虚假、不诚实
保证完成任务	100% 的目标完成率	放弃或不能坚持
乐观	积极思维	悲观失望、抱怨、指责
自信	接受挑战	怀疑、害怕、经常说"不可能"
爱与奉献	帮助别人	索取、自私
决不找借口	不找借口	找借口、找理由、我是受害者

参考以上评分标准，对照你今天的心态情况，练习一下，看看你今天的心态管理能得几分！

每日心态管理：以下每项做到 10 分，未做到 0 分。

认真：____ 分

快：____ 分

坚守承诺：____ 分

保证完成任务：____ 分

乐观：____ 分

自信：____ 分

爱与奉献：____ 分

决不找借口：____ 分

总分：____ 分

心态反省：

如果出现"0"分项目，请立即反省改进！

改进措施如下：

_____

_____

_____

一年365天，每天这样为自己的心态打分，每日反省改进，日积月累，自然会拥有积极的心态。

七、成功 = 心态 × 能力

现在你已经了解了心态管理的八大关键因素，也许你会说，有没有积极心态，真的那么重要吗？我只要有能力就行了，有能力就会成功！其实，成功是有公式的，那就是：

$$成功 = 心态 × 能力$$

1. 能力绝对不会是零分

美国行为科学家保罗做过一个研究，成功等于心态乘以能力。请注意这个公式，心态乘以能力，能力是什么？经验、方法和知识。

一个人不管你从事什么行业，不管你是当老师还是做工人，还是做一个干部，或是做一个企业家等，能力绝对不会是零分，因为能力会随着你的职业生涯不断地积累，所以在积累的过程当中可能是 50 分，可能是 70 分，最好的当然是 100 分。

2. 态度决定我们的成败

心态只有两种，要么是积极的，评分为 10 分，要么是消极的，评分为 0 分。套用这个公式来看结果。如果你是消极的 0 分，即使你的能力是 100 分，0 分乘以 100 分结果还是 0 分；如果你的心态是积极的，即使你的能力只有 20 分，乘以心态 100 分，结果也有 2000 分。

所以失败不是能力决定的，而是心态决定的，积极心态改变人生。

· 第二项 心态管理 ·

成功 = 心态 × 能力

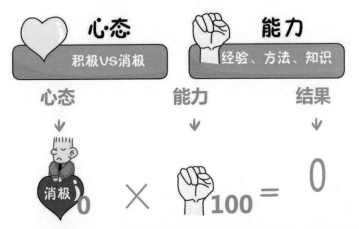

消极心态为零分，零分乘以能力100分。即使你能力再强，结果还是零。

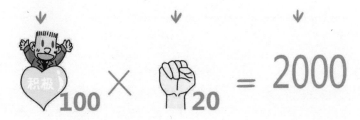

如果我的态度是积极热忱的，即使20分，乘以100分，也会有2000分。

第三项 | 时间管理

如果每天都有86400元进入你的银行账户,而你必须当天用光,你会如何使用这笔钱?天下真有这样的好事吗?是的,你真的有这样一个账户,那就是"时间"。

我们成功激活了好心态，向着人生目标出发了！

可问题也随之而来了，那么多高远的目标都亟待实现，我们该从哪里着手呢？它们如此之重要，我们该如何取舍呢？任何人的时间都是有限的，生命是一个倒计时。我们有足够的时间去完成很多的目标吗？

这就是我们面临的第三个挑战：时间管理。

一、算算你的时间价值

如果每天都有 86400 元进入你的银行账户,而你必须当天用光,你会如何运用这笔钱?天下真有这样的好事吗?是的,你真的有这样一个账户,那就是"时间"。每天每一个人都会有新的 86400 秒进账。那么面对这样一笔财富,你打算怎样利用它们呢?

故事分享

珍贵 15 秒

在一次采访某跨国企业的 CEO 时,他完全按照规定的时间来到了演播现场,他的身后跟着三个穿着全黑服装的保镖,名人用保镖,也很正常,我们也已经见怪不怪了。1 个小时的采访快结束时,我发现其中一个保镖离开了,采访如期结束了,CEO 站起来,在保镖的带领下往外走,我惊讶地发现,那个不见了的保镖,原来站在电梯口,用手按住电梯门,以便他的老板能够不浪费 15 秒等电梯的时间。而能够以最快速度离开现场,去做他的下一件事。为了节省这 15 秒的时间,这个保镖可能已经花了 5 分钟,甚至更长的时间,可是,他老板省下的这 15 秒时间所带来的时间价值,可能远远超过保镖几个小时的时间价值,这就是每个人所创造的不同时间价值所带来的经济效益!

在很多企业里，经理去做员工的事情，不仅不会让员工成长，也让经理的时间价值和经济价值不对等。你是否也有这样类似的情况呢？

你知道你的时间价值吗？

根据下图中的公式来算算吧！

二、检查一下你的时间管理

针对下表中的每一项内容进行自我检查，凡做到的打"√"，然后计算一下做到事项占总事项的百分比。一个月后再做一次，就能看出时间管理的进步所在。

序号	内　容	现在	1月后	1年后
1	你是否热爱你所做的工作，并始终保持积极的心态？			
2	你是否用书面的形式制定了一套明确的远期、中期、近期目标与计划？			
3	在一天工作开始前你是否已经编好了当天的工作次序，拟定了"每日工作计划"？			
4	你是否把每天要办的事情按轻重缓急列出单子，并尽量把重要的事情早点办？			
5	你是否把工作注意力集中在目标上而不是集中在过程上？			
6	你是否以工作成绩和效果而不是以工作量作为自我考核的依据？			
7	你是否铭记时间的货币价值？			
8	你今天为实现人生的远期、中期、近期计划做过什么工作？			
9	你是否每天都留出计划和思考问题的时间？			
10	你是否合理利用上下班途中的时间？			
11	你是否注意午饭的食量，以避免下午打瞌睡？			
12	你是否给自己留出足够的时间，突击处理危机和意外事件？			
13	你是否将挑战性工作和例外性工作都授权他人处理？			
14	对于你的下级，你是否"权责一致"？			
15	你是否阻止你的下级对他们认为棘手的工作"倒授权"？			

（续）

序号	内容	现在	1月后	1年后
16	你是否养成条理整洁的习惯?			
17	你是否采取了某些措施以减少无用资料和报刊占有你的办公桌?			
18	你是否养成凡事马上行动、立即就做的习惯?			
19	你是否强迫自己迅速做出决策?			
20	你是否经常给自己和别人规定工作期限要求?			
21	你是否尽可能早地中止那些毫无收益的活动?			
22	当你面临需要解决的问题时,你是否运用"80/20法则"处理?			
23	你是否尽量对每一种工作只做一次处理?			
24	你是否腾出一部分时间为下级提供训练?			
25	你是否擅于应用节约时间的工具?			
26	当你召开会议前是否考虑了取代该次会议的各种途径?			
27	开会时你是否设法提高会议效率与效果?			
28	为了更好地管理自己的时间,你是否经常(或定期)进行时间统计?			
29	你是否定期检查自己的时间支配方式,以确定有无各种时间浪费的原因?			
30	你是否将重要的工作安排在你工作效能最佳的时间做?			

现在我已做到 ___ 项 ____ 年 ____ 月 ____ 日

现在做到事项的百分比 _____%

一月后我做到 ___ 项 ____ 年 ____ 月 ____ 日

一月后做到事项的百分比 _____%

一年后我做到 ___ 项 ____ 年 ____ 月 ____ 日

一年后做到事项的百分比 _____%

第三项 时间管理

三、时间都去哪儿了

故事分享

死神的账单

深夜,危重病人迎来了他生命中的最后一分钟,死神如期来到了他的面前。

病人:再给我一分钟好吗?

死神:你要这一分钟干什么?

病人:我想要用这一分钟看看天,看看地;想想我的家人和朋友,运气好的话,说不定我还能看到一朵花开放的过程……

死神:你的想法很好,可惜我不能答应你。在你的一生中,有无数的时间来做这些事,可你从来没有珍惜,我要让你看一份账单:

在你60年的生命里,你有三分之一多的时间在睡觉,在剩下的30多年里,你经常拖延时间,每天你都要叹息时间太慢,一共有1万次,包括少年时在课堂上,青年时和朋友约会时以及在和朋友打电话的时候,甚至在为琐事而大发脾气时。具体的明细是:

因为做事拖延，从青年到老年，耗去 36500 小时，折合 1520 天；做事有头无尾，马马虎虎，越过墙头看漂亮姑娘，经常埋怨指责别人，推卸责任，利用工作时间和同事侃大山。

你还参加了无数次无所用心且懒散昏睡的会，使你的睡眠远远超标。你又组织了许多类似的会，让很多人也和你一样睡眠超标。还有……

这时，病人倒地死去了。

死神：真可惜，为什么世人都听不完我的话，就后悔地死了呢！

时间是实现目标的必要条件，一旦没有了时间，目标也就无从谈起。平庸的人生，总是伴随着悔恨、抱怨、指责、悲伤。人们在离开人间的那最后一瞬间，开始感怀人生，怀念曾经拥有的金子般的时间。

莎士比亚曾经说过，时间犹如一个趋炎附势的主人，对于一个临去的客人不过是和他略微握握手，对于一个新来的客人，却伸开了双臂。欢迎永远是含笑的，告别总是带着叹息。

你也想收到一份死亡账单吗？

反省一下，你是否也曾经像账单中这样浪费自己的时间呢？

时间最不偏私，每个人每天都是 24 小时，都是 1440 分钟，非常公平。时间不能够加减，不能够删除，而且是不能逆转的。

时间也最偏私，给任何人都不是 24 小时。那些时间被缩短了的人生，时间去哪儿了？被碌碌无为、慵懒不堪的人浪费了。

为什么很多人终日劳碌奔波却回报甚微？科技企业的 CEO 平均每年工作 300 天，每天工作 14 小时，这意味着 CEO 每年的工作 4200 小时。相信很多创业者看到这个数字都会有同感。是的，他们就是这么忙碌。

在忙碌中你是否发现，大部分人都陷入了浪费时间的陷阱，不论商人、学生还是家庭主妇，平均一天要浪费清醒时间十六小时的四分之一，也有人浪费了清醒时间的百分之五十，甚至高达百分之九十！

我们需要去挽回这些逝去的时间。仔细分析这些时间被浪费的原因，有内部原因，也有外部原因。

（1）内部原因

缺乏计划、没有目标、经常拖延、抓不住重点、事必躬亲、有头无尾、一心多用、缺乏条理与整洁、简单的事情复杂化、懒惰、浪费别人时间、不会拒绝请求、盲目行动、不懂授权、盲目承诺、越权指挥、救火、完美主义，这些都会是你的时间陷阱。

（2）外部原因

有人可以改变自己的时间习惯，也要看到来自外部的时间陷阱。上级领导会"浪费"你的时间，无休止的开会、漫长的电话、官僚作风、死板的制度、信息不共享、目标不明确正在不断浪费你的时间。工作系统也在"浪费"你的时间，垃圾短信、慕名来访、官样文章、员工离职、小道消息、人手不足、训练不够。生活条件还在"浪费"你的时间，通讯、环境、交通拥堵、朋友闲聊、家住郊区都会是可能的原因。

内部	外部
・缺乏计划 ・没有目标 ・拖延 ・抓不住重点 ・事必躬亲 ・有头无尾 ・一心多用 ・缺乏条理与整洁 ・简单的事情复杂化 ・懒惰 ・浪费别人时间 ・不会拒绝请求 ・盲目行动 ・不懂授权 ・盲目承诺 ・越权指挥 ・救火 ・完美主义	上级领导浪费时间 开会、电话、不懂授权、官僚、制度死板、步骤太多、信息不共享、责权不清、目标不明确 工作系统浪费时间 访客、官样文章、员工离职、人手不足、训练不够 生活条件浪费时间 通信、环境、交通、朋友闲聊、家住郊区

　　成功的人生对时间的认知是超越生命的，因此他们对时间的思维、理念、看法有着深刻的理解，没有时间就没有一切。时间管理决定了每一分钟的含金量。尽管我们无法决定时间的长度，但是可以决定时间的宽度。我们要努力使自己的每一分钟、每一秒钟都产生价值，而不是随意挥霍。只有把时间像生命一样去爱护、去珍惜，上升到管理层面，生命才可以发挥出最大的价值。

故事分享

假如今天是我生命中的最后一天

生命只有一次，而人生也不过是时间的累积。我若让今天的时光白白流逝，就等于毁掉人生。

因此，我珍惜今天的一分一秒，因为它们将一去不复返。我无法将今天存入银行，明天再来取用。

时间像风一样不可捕捉。每一分一秒，我要用双手捧住，用爱心抚摸，因为它们如此宝贵。垂死的人用毕生的钱财都无法换得一口生气。我无法计算时间的价值，它们是无价之宝！

假如今天是我生命中的最后一天。

我憎恨那些浪费时间的行为。我要摧毁拖延的习性。我要以真诚埋葬怀疑，用信心驱赶恐惧。我不听闲话，不游手好闲，不与不务正业的人来往。我终于醒悟，若是懒惰，无异于从我所爱之人手中窃取食物和衣裳。

珍惜时间

> 我不是贼，我有爱心，今天是我最后的机会，我要证明我的爱心和伟大。
>
> 假如今天是我生命中的最后一天。
>
> 今日事今日毕。今天我要趁孩子还小的时候，多加爱护，明天他们将离我而去，我也会离开；今天我要深情地拥抱我的妻子，给她甜蜜的热吻，明天她会离去；今天我要帮助落难的朋友，明天他不再求援，我也听不到他的哀求。我要乐于奉献，因为明天我无法给予，也没有人来领受了。
>
> 节选自《世界上最伟大的推销员》

难道我们也要到生命的最后一天才来叹息时间的流逝？事情是无限的，时间是有限的，我们经常听到"忙死了"、"没有时间"等，其实时间是可以规划的。

四、时间管理的十个方法

1. 生命规划

有个马拉松冠军说："我在跑的过程中，总是盯着前面一个物体,叫自己加油跑到,然后再找一个目标,再超越,如此重复。"制定远大的目标是人生成功的关键,制定阶段性目标更是关键中的关键。

(1)预先规划时间

还记得吗?我们在第一项目标管理的时候,设定了阶段性目标的时间表(见下表)。远期目标如果没有时间加以限制,那么等于空谈,并且极有可能发生拖延的危险。有了长达10年的目标后,我们再反推制定中期目标,时间5年;进而从中期目标再推到近期目标,时间1年。以此类推,将时间规划细化到年、月、周、日、每小时、每分钟。时间是我们所有目标的先决条件,而且是必备条件,它是我们生命里程的刻度,是我们生命的整个过程。

目标	小目标	完成时间	完成标准
1	开设跆拳道馆	2~3年	至少开设一家跆拳道馆
2	出版关于跆拳道的专著	2~3年	至少出版一本跆拳道专著
3	培养运动员	2~3年	培养100位运动员
4	成立跆拳道运动员协会	4~5年	拥有上万的用户、运动员及业余爱好者
5	举办中国跆拳道职业锦标赛	5~10年	组织中国第一届跆拳道职业锦标赛

我们需要预先规划好自己的时间。在每一年的开始,

不妨拿出日志，在日志上写下今年的目标，继而分化到每个月的目标，再分化到每周的目标，最后甚至都可以制定出每天的计划。这样，大目标分解到"小"目标，完成起来就相对简单，压力也不是很大。

（2）时间必须提前规划，不能临时规划

一般我们要提前一天规划好第二天的目标与时间分配，并且在清晨进行确认。安排具体事情的时候，第一步就要问问自己是否有时间去完成它。这是第一优先时间管理法。因为时间是有限的，事情是无限的，我们的目标也是无限的。你可以设定很多的目标，但在有限的时间里我们必须先设定最有价值的，自己最渴望实现的大目标、中目标和小目标。

（3）人生的六大领域规划

在日志上面写下的从年—月—周—日的规划，具体内容是对人生六大领域的规划：事业、财富、家庭生活、学习成长、人际关系、健康休闲。成功是人生六大领域的综合表现，缺一不可。

（4）以周为平衡点，每周总结工作，规划生活

定期检验时间管理的成果，以周为单位，在每一周对自己日常的工作、生活、学习等六大领域做个总结。看看年初的目标是否按计划进行着，实现了多少？没有实现的原因是什么？如何马上改进？这个办法虽然每个人都知道，却不是每个人都能做到。有心人就能用这种办法调整进度，再次精细地规划或者调整下一步的目标。

要预先规划时间

每年 ⟶ 每月 ⟶ 每周 ⟶ 每日

⬇

人生的六大领域规划

事业 ＋ 财富 ＋ 家庭生活 ＋ 学习成长 ＋ 人际关系 ＋ 健康休闲

⬇

以周为平衡点，每周总结工作，规划生活

| 周目标 | 周一 | 周二 | 周三 | 周四 | 周五 | 周六 | 周日 | 周总结 |

2. 要事第一

（1）80/20 定律

早在19世纪，意大利经济学家帕累托就从研究中发现：

20% 的事决定了 80% 的成果；

20% 的客户决定了 80% 的利润；

20% 的产品创造了公司 80% 的绩效；

20% 的员工创造了企业 80% 的业绩；

运用在时间管理上，

20% 的关键要事可以带来 80% 的价值；

20% 的重要事项要用 80% 的时间来保证完成。

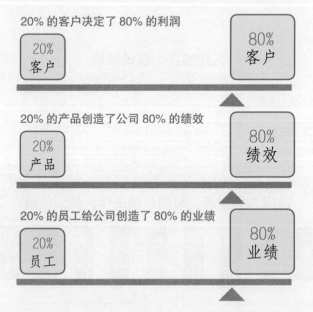

这就是 80/20 定律，这个定律在时间管理上非常重要，因为我们的时间是有限的，如果你活到 70 岁的话，你只有 25550 天；如果活到 80 岁的话，只有 29200 天，人的生命永远都是在倒计时。况且人生无常，人永远无法准确预知自己的生命长度。

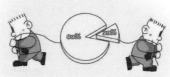

决定不了自己人生的长短，但是可以决定宽度。就是你活好每一天，把握今天的每一件事情，把每一件事情做得更好，享受每一分钟给你的生命价值，让它更有意义、更精彩，这就是让生命有宽度，那怎么做呢？

生命是有限的，事情是无限的，每个人每天都遇到很多的事情，特别是你的事业越大，你不可能用无限的时间去完成无限的事情。怎么办？在有限的时间去完成无限的事情。唯一的办法是分清轻重缓急，把事情分出优先顺序，抓住重点。你必须懂得在每天的工作当中、每月的工作当中、每年的工作当中、去做最有生产力的事，最有价值的事，这就是成功人士和非成功人士的区别。

（2）运用 ABC 法则

按照 80/20 定律，我们在有限的时间内，要把事情分成 A、B、C 三类。

A 类是最关键的重点事务。

B 类是重要且紧急的工作。

C 类是除了 A 类和 B 类以外的所有事情。

面对这三类事务，我们必须要把 70% 的时间分配给最重点的 A 类事务，30% 的时间分配给 B 类事务，对于 C 类事务，选择不做或者授权他人。将自己的时间花在最有价值、最有意义、最贴近大目标的事情上，你的人生才会发生彻底的改变，因为把时间花在哪里，成果就在哪里。

如果你是一名员工：A 类的事自己做，B 类的事压缩做，C 类的事延期做或不做。

如果你是一名领导者：A 类的事自己做，B 类的事压缩做，C 类的事要授权做。

当你是领导的时候，领导能力的高低取决于你的授权能力，你的授权能力越强，你的事业就会越大；你越懂得授权，你的事业就会发展得越快。

如何判断 A 类最重要的事？

第一，带来最大价值。

第二，不做就没有机会了。

第三，别人不能替代。

还有一个最简单的办法来判断什么是A类事项，那就是：

假如今天只做一件事，那是什么？

假如今天只做两件事，你做哪两件？

假如今天只做三件事，你做哪三件？

用ABC法则为下表的营销副总管理时间。这位赵先生今天要做这么多事情，加在一起要花去他14个小时。如果你是他，你会如何分配ABC事项，分清优先顺序，抓住重点？

（答案在第143页公布）

周四			2017年6月8日	
按ABC分类	起始时间	今日事项 要事第一（A类最重要 B类重要 C类次重要）	预计用时	做到打√
		周绩效评估会议	2小时	
		天津代理商来参观公司	1小时	
		新产品发布会	3小时	
		知名记者专访	1小时	
		杭州大客户到访	2小时	
		核心员工离职	2小时	
		与总经理开会	2小时	
		电话沟通华南工作	1小时	

（3）A级挑战成就A级人生

时间最偏私，给任何人都不是24小时，甚至有的人一天超过了24小时，为什么呢？因为他们一天的价值胜过别人数无所能创造的价值。

成功人士把时间始终花在A级的事务上，他们用钱去买别人的时间，让别人去处理琐事。成功的人不会做那些不重要的事，把C类事务彻底删除了。但是失败的人总是会选择去做C类事务，却不愿意花时间做A类和B类的事，为什么？

因为A类和B类的事务是有挑战性的。成功的人永远在接受A级挑战，用最宝贵的时间去完成A级事务，那是大多数的人不愿意去做的事。

总统来电

在20世纪70年代，英特尔公司总裁格鲁夫请管理大师彼得·德鲁克做他的管理顾问，德鲁克首先分析了格鲁夫的时间管理，其中就有一个障碍是他在时间管理上没有抓住重点，不懂得把第一优先工作和第一状态加在一起，保证足够的时间把第一问题解决，于是他要求格鲁夫对他的秘书说，每天早上8点到9点半这段时间，除了美国总统的电话以外，其他的电话都不接！

> 美国总统会打电话来吗？不太可能。
>
> 实际上德鲁克要告诉格鲁夫的是，不要受到任何干扰，以最佳的状态找出最优先、最核心的工作重点，在第一时间把它做完。

我们很多时候不懂得把自己的最佳状态用来做最有价值的事。有的人就像百灵鸟，早上的精力和体力非常好，思维、意识、精神等处于巅峰状态；有的人则是猫头鹰型的，越到晚上状态越好。所以每个人都要以自己的最佳状态来保障最重要的事也就是A类事务的完成。

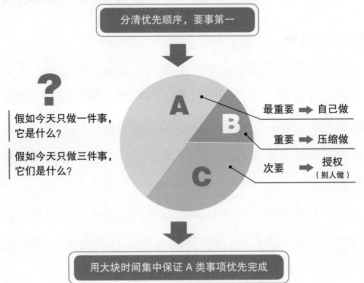

3. 每日管理

记录每天的时间，记录永远比记忆更可靠！

列出每天要做的事情，管理消耗掉的时间。

4. 任务清单

接到任务的时候，给别人承诺的时候，发出任务的时候，都要马上用笔记下来，每一项都要任务明确，设定期限。

5. 检查追踪

按照记录的时间，对任务"按时"追踪检查。

按照记录的时间，对承诺"准时"完成。

6. 日清日新

海尔在实践中建立起一个每人、每天对自己所从事的工作进行清理、检查的"日日清"控制系统。因此，在海尔的案头文件，急办的、缓办的、一般性材料的摆放，都是有条有理、井然有序，临下班的时候，椅子都放得整整齐齐的。

"日日清"系统包括两个方面：一是"日事日毕"，即对当天发生的各种问题（异常现象），在当天就弄清原因，分清责任，及时采取措施进行处理，防止问题积累，保证目标得以实现。二是"日清日高"，即对工作中的薄弱环节不断改善、不断提高，要求员工"坚持每天提高1％"，70天后工作水平就可以提高一倍。

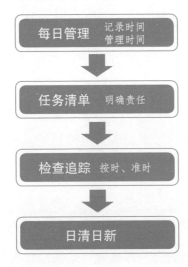

7. 杜绝拖延

设定了时间的事情就要马上做，杜绝拖延！

8. 条理整洁

美国效率专家做过统计，一个办公桌堆了很多资料的人，一天要浪费五个小时用于"寻找"，要学会条理整洁，分门别类。所有资料都要进行归类，经常使用的东西要集中管理。

一次性解决：事情来了，要么同意签字，要么不同意！

能做的事情马上决定，待办的事情记录下来，保留的东西立刻归档，做不出决定的东西先丢掉。

9. 马上行动

立刻记录，立刻行动。每日反省，看你每天做了多少工作，产生了多少效果、多少价值！

10. 授权

一个人的精力是有限的，作为一个企业领导者要学会把权力授予适当的人。那么应该如何授权呢？

（1）要找心态积极、有经验的人，要用人所长。

（2）你要的结果是什么，一定要明确。

（3）检查评估，授权不等于弃权，过程中要检查过问。

（4）要告诉他这件事情做了好处是什么，权利是什么。

（5）当他遇到障碍的时候，

你必须帮助他解决。

（6）同一个任务不能授权两个人负责，责任除以二等于零；也不允许遇到障碍，他反过来又交给你做。

（7）授权出去，必须追根究底得到结果。

通过授权，领导人就有更多的时间思考战略性问题，把大部分精力用在最有生产力的地方。

五、时间优先法

1. 管理人员的误区——事件优先

管理人员经常会犯的错误，就是按照事件（工作）的时间顺序来进行工作，结果会导致：做了不需要做的事情，而且拖一个就会拖一串，造成工作忙乱不堪，到头来很可能一无所获。

2. 最有效的方法——时间优先

如果你在第二天要做 8 件事，该如何分配，正确的步骤应该是：

（1）先列出要做的所有事情。

（2）用 ABC 法则分出重要等级。

（3）分配时间，将你状态最好的时间用来完成最重要的工作。

（4）对不重要的事可以不做或授权去做。

记住，时间是有限的，工作是无限的，每个人每天的最佳工作时间也不同，通过有效的计划，将最佳工作时间用于做最重要的事，才能获得最高的价值回报。这就是时间优先法！

以下是 135 页测试的参考答案和解答，你答对了吗？

按 ABC 分类	起始时间	今日事项 要事第一（A 类最重要 B 类重要 C 类次重要）	原因说明
B1	17:00~18:00	周绩效评估会议	是自己直接掌控的会议，来得及就开，来不及就明天再开，可以调整时间
C1		天津代理商来参观公司	可以授权给代理商部负责人接待
A1	9:00~12:00	新产品发布会	能带来最大价值，错过就没有机会了，必须本人亲自来做
B3		知名记者专访	知名记者有影响力，专访对企业和品牌有好处，肯定要重视，但是可以压缩时间或电话沟通完成
A2	14:00~16:00	杭州大客户到访	客户是衣食父母，大客户更能带来高利润，接待杭州大客户到访，对于营销总监一定是 A 类事项
A3	16:00~17:00	核心员工离职	员工是关键客户，尤其是带来高价值的核心员工，一定要了解原因并亲自处理
B2		与总经理开会	与总经理开会是企业内部的事，可以与总经理协调改时间或者压缩时长
C2		电话沟通华南工作	可以授权做或者改期做，或者今日不做

对比一下你的差距，重新翻到 135 页，你的日目标练习单元，重新审视一下你的分类项和时间项填写的是否正确，是否按照以上四个步骤在做。如果没有，马上重新练习。

第四项 学习管理

今天你掉一根头发,你会变成秃顶吗?不会。明天再掉一根呢?也不会。但如果每天都掉一根呢?

今天不学习,会被市场淘汰吗?不会。明天还不学习,会被市场淘汰吗?不会。如果每天都不学习呢?

在我们实现目标的人生旅途中，仅仅进行心态管理和时间管理是远远不够的，因为在我们出发后不久，很快就会发现一个严重的问题：我们的能力是否匹配如此瑰丽的梦想？在实现梦想的道路上，陷阱与挑战并存，这些不仅考验我们的毅力与决心，更考验着我们的知识技能水平以及自我认知的情况。

　　实现目标的过程是我们不断应对挑战，在自我否定与变革中实现升级的过程。在这个过程中，学习力不可或缺。成年人逐渐被社会淘汰的最大原因，不是年纪的增长，而是学习热情的减退。从出生起，学习就是伴随我们一生的事情：学习知识技能，建立人际关系，提高工作效率等。拉开人与人之间差距的，是学习力；决定我们人生高度的，也是学习力。

一、学习是竞争力

学习，是时代发展的要求，是人类获得新的幸福的永恒动力。任何时候你都要学习，保持学习的精神，直到生命结束为止。

研究表明，如果我们每天花费 3 小时的时间学习行业技能，那么只需要 3 年就能够成为某行业专家；如果我们一边学理论知识，一边应用于实践，并形成知行一体的良性循环，实践从学习中来，再到实践中去的话，5 年时间就会成为国家级的专家；如果对一个专业领域的学习积累能够达到每天 3 小时，坚持 10 年时间之久的话，那么将成为这个行业的世界级专家，这就是"一万小时定律"。它的本质是从量变到质变的过程。"一万小时定律"还有另外一种表述方式，那就是"十年法则"。

早在 20 世纪 90 年代，诺贝尔经济学奖获得者、瑞典科学家赫伯特·西蒙与埃里克森一起建立了"十年法则"。他们指出：要在任何领域成为大师，一般需要约十年的艰苦努力。这与中国的古话"十年磨一剑"同理。

"一万小时定律"和"十年法则"都告诉我们，必须

要保持持续的学习力，只有通过在做中学、学中做，循环往复的训练，你才能成为专家。以我自身为例，为了推广跆拳道运动，从1985年开始，我每天都坚持学习，每天早上4点钟或者晚上睡觉前，规定自己一定要用3小时的时间看完一本书，并且每周至少去听一次跆拳道相关的讲座。

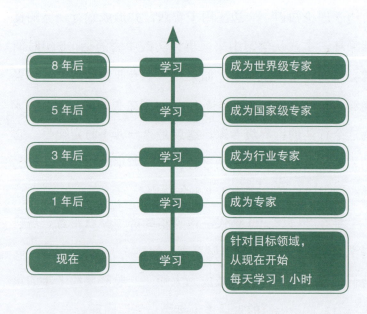

资料来源：美国人力资源协会统计

二、学习改变命运

根据调查表明，大学毕业后的知识只能用两年，如果不学习的话就会被社会淘汰，只有不断学习才有竞争力，未来企业和企业的竞争是学习力的竞争，人和人的竞争也是学习力的竞争，学习改变命运，知识创造未来！

今天你掉一根头发，你会变成秃顶吗？不会。明天再掉一根呢？不会。后天再掉一根呢？不会。可是如果每天都掉一根呢？

今天不学习，会被市场淘汰吗？不会。明天不学习，会被市场淘汰吗？不会。后天再不学习，会被市场淘汰吗？不会。可是如果每天都不学习呢？

故事分享

学习改变命运

施瓦伯出生在美国乡村，只受过很短的学校教育，他的家中一贫如洗。15岁那年，迫于生计，他只好到一个山村做了马夫。三年后，他来到钢铁大王卡耐基所属的一个建筑工地打工。此时的施瓦伯就抱定了要做同事中最优秀的人的决心。当其他人在抱怨时，施瓦伯却默默地积累着工作经验，并自学建筑知识。

一天晚上，同伴们在闲聊，唯独施瓦伯躲在角落里看书。恰巧那天公司经理到工地检查工作，看到了这一幕，问道："你学那些东西干什么？"施瓦伯说："我想我们公司并不缺少打工者，缺少的是既有工作经验、又有专业知识的技术人员或管理者，对吗？"经理点了点头。不久，施瓦伯就被升任为技师。

从此，施瓦伯更加注重通过学习来提升自己。他有一个信念："我不只是为老板打工，也是在为自己的梦想和远大前途打工。只有不断提升自己，使自己工作

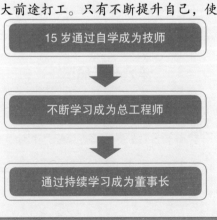

所产生的价值远远超过所得的薪水,才能得到重用,才能获得机遇!"他坚信只有学习才能改变自己的命运。抱着这样的信念,他不断学习,一步步升到了总工程师的职位。25岁那年,施瓦伯又做了这家建筑公司的总经理。再后来,施瓦伯被卡耐基任命为钢铁公司的董事长。

其实,成功人士之所以成功,他们都有一个共同的秘诀:学习,不断地学习。大家熟识的李嘉诚,只有初中一年级的学历;爱迪生,只念了三个月的书;高尔基也只念了小学;比尔·盖茨大学也没毕业……他们正是通过后天的持续学习,创造了伟大的成就。

三、学习的途径

一旦缺乏有效的方法,只会消耗天赋,陷入低质量的学习。

1. 向一流人士学习

成功最重要的环境条件,就是选择成功的朋友,我们可以直接进入成功者的经验之中,通过了解成功者的思想,做成功者所做的事情，重复成功者的行为，就会得到和成功者一样的结果。

学习成功人士的三个途径：

（1）大量阅读成功者所读的书籍。通过阅读，你会发现成功的规律，提炼成功的步骤，找到成功的方法。

（2）与成功人士广交朋友。跟随成功者，虚心求教，直接获得成功的方法和诀窍。

（3）听成功人士的演讲或上成功人士开设的课程。你可以在短时间内获得比较系统的成功步骤和方法。

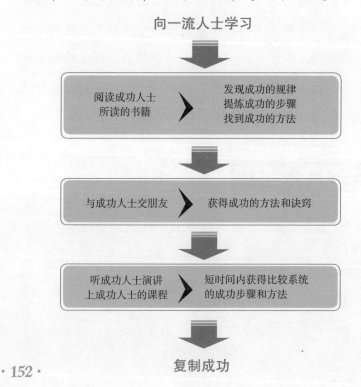

2. 标杆学习

所谓标杆学习,就是通过标杆找到标准,将标准化为己用,并进行不断复制。在达标后,找到属于自己的创新空间,持续进行改进。这就是向标杆学习的"一抄、二改";"抄"即为复制,"改"就是持续改进。标杆学习是最快捷的学习方式,学习成功人士的路径和方法之后总结出一条自己的创新之路。

标杆学习,并不等同于一味模仿,这在经济学中被称为"后发优势"。企业可以通过观察领先企业的行为模式,来减少自身面临的不确定性并采取相应行动,从而可以大大减少在研发与风险把控等方面所需的成本,获得更为快速的发展,缩小与领先者的差距。

故事分享

"一抄、二改、三研、四发"

我在创立自己的第一家广告公司风驰传媒的时候,是借了20万元白手起家的。我对广告一窍不通,根本不知道该如何着手开展业务。于是我先从各种渠道去了解国内最知名的专业广告公司,学习他们的工作流程、工作方式,如何拜访客户,如何完成任务等。这个学习的过程花了整整半年时间。此后,我们才开始开展自己的广告业务。为此我们还提出了"一抄、二改、三研、四发"的方法:"抄"就是模仿和学习其他专业广告公司的成功经验和方法;"改"就是将这些方法改进成适合自己公司的模式;"研"就是研究提升;"发"就是在此基础上发展与发扬,使之更趋完美。

短短8年的时间,我们的广告公司资产增长1500倍,连续8年名列中国广告公司50强,成为当时中国最赚钱的广告公司之一,股东投资回报率高达292倍。

只有懂得如何快速学习的企业,才能拥有如此快速的发展和巨大的成就。

四、养成天天学习的习惯

在充满竞争的 21 世纪，你唯一的竞争优势就是比对手学习得更多更快！不断读书是养成学习习惯的开始。学习是终身事业。我们只有孜孜不倦、始终不渝地学习，才能在不断吸纳精神营养中更新知识，与时俱进。

我们要养成每天学习的良好习惯。成功人士每天都规划 2~3 小时的固定学习时间，他们视学习为每天生活的必要组成部分之一，而不是可有可无、低频率的活动行为。每天我们的身体要通过吃饭来增加物质能量，而精神上就是通过每天的学习补充思考能量。

学习时间的合理安排极为重要,必须按照上一章时间管理中的方法,提前规划时间,并细化到每年、每月、每周、每天。将学习行为常态化,最终培养为一种生活习惯,成为生命的组成部分。

1. 在工作中学习

实践是学习的最高境界,你所做的每一件事,都是你学习的机会,如果你能够充分利用这些机会,在你解决每一件事情的过程中,你所学到的知识与技能必然会有所增加。

不管是从自己的工作还是别人的工作中,都可以学习。当你明白了这一点,你就会在面对事情的时候,有意识地从工作中学习知识与技能,增长你的经验和智慧。

今天,你向同事学到了什么?从上司身上学到了什么?从客户身上学到了什么?只要留心,任何地方都可以学到东西。

2. 在反省中学习

"学而不思则罔,思而不学则殆。"只有在反省中才能获得进步。一个善于反省的人,才能不断超越,不断进步。在每天的工作中，随时反省自己的心态是否健康积极，今天的目标有没有完成，时间的安排是否合理，对知识的掌握是否达到要求，哪些是欠缺的，哪些是更新的知识，只有不断地反省，才能将知识进行强化、提升，才能从各个方面得到改进和进步。

3. 在总结中学习

吃一堑长一智，不管是失败还是成功，都要勤于分析错误原因和总结成功诀窍。在总结中学习，从中了解自己的不足，不断积累经验，加以完善，从而更快地达成目标。

五、最新学习模式——循环学习法

只有学习力，才有创新力，有了创新力，才有竞争力！

学习不是为了学而学，学习的目的是为了指导实际的工作，多年的学习经验让我总结出一个新的学习模式：循环学习法。

循环学习法的第一步就是学习，通过学习来获得知识的提升。

第二步，通过知识的提升，来获得实践的机会，也就是将知识运用在实际的工作中，而实际的工作又能来检验知识是否正确，是否具备可操作性。

第三步，俗话说，实践出真知。在实际的工作中，我们除了可以运用自己已有的知识外，还会从工作中获取新的知识。

第四步，我们回到了循环学习法的起点，那就是学习。通过在工作中发现知识点的匮乏，能够促进我们继续学习，从而获取更多的知识。

妈妈的回锅肉

我的妈妈是四川人，她有个拿手菜是回锅肉，味道一流，媲美专业级厨师。她为什么能够练成如此高超的手艺呢？

在我小时候，我妈妈做回锅肉的技术还非常普通。那时候的我不爱吃饭，身体瘦弱。我的妈妈很担心，为了能让我多吃几块肉，她为此定下目标，一定要炒出一锅儿子爱吃的回锅肉！

为了达到这个目标,我的妈妈做了以下几点努力:

(1)寻找标杆。她找到一家做回锅肉很好吃的餐馆,研究人家的味道,通过拉家常的方式与餐馆的厨师讨教配料与火候,回来自己实践。而且,她不是只问这一家餐馆,而是形成了一种习惯,每到一家餐馆吃饭她都会点回锅肉,进行对比分析。

(2)循环学习,持续地反省与改进。我的妈妈研究完别人的回锅肉,回来后必须进行实践。每次炒完她都问自己:这次是否比上次进步一点?为什么失败了?肉的颜色能否再漂亮一些?味道能否再香一些?

(3)1000次的练习。就是在不断地自我提问与回答中,我的妈妈不知不觉炒了至少1000盘的回锅肉。每炒一次都进行反省与总结,每一次都比上一次进步一点,每一次都比上一次更美味。终于,妈妈的回锅肉成功了,凡品尝后的人都绝口称赞,得到了大家的一致好评!

我的妈妈经过这般完整的循环学习过程,终于把一个平凡的家常菜练成美味佳肴,深植于儿子心中。

为什么我妈妈炒的回锅肉会越来越好？就是因为她不断地学习、反省和改进，即小步快跑，持续迭代，不断精进最后达到成功。

学习不仅仅是从书里来的，从工作中、人际交往中、实践中，甚至是失败中，都可以学习到新的知识。通过这样的循环学习法不断学习，并不断通过工作来检验，从而来发现新的知识，然后再学习，再进步，进而不断提升自己的能力，让自己具备更强的竞争力。

知道和做到之间是有距离的，学到的任何知识都要在实践中不断循环认证，通过观念的改变到行为的改变再到习惯的改变，最终成就不同的人生。

第五项 | 行动管理

现实是此岸,梦想是彼岸,行动力就是当中的桥梁!

在前面的四个章节里，我们已经成功对目标、心态、时间和学习进行了管理。又通过不断的练习，你已经在纸上写下了自己接下来的目标和计划了吧！可计划光写在纸上，是永远无法实现的。接下来，我们将进入一个非常重要的环节：行动管理！

　　行动的含义就是亲力亲为地做，脚踏实地地干，为实现目标忘我的付出。让我们以目标为灯塔，以心态为帆，以学习为桨，以时间为舵手，撸起袖子加油干吧！

一、行动是一切成功的保证

行动是一切成功的保证。千万次的向往、怀疑、批评，都不如脚踏实地的行动。成功人士用行动改变着自己的人生，也改变着他们与财富的关系。从一无所有到日进斗金，他们无一不秉承着"现在就去做"的人生信条。

故事分享

甲和尚和乙和尚

在四川的偏远地区有甲和尚和乙和尚两位僧人。

有一天，甲和尚对乙和尚说："我想到南海去，您看怎么样？"

乙和尚说："你凭什么去呢？"

甲和尚说："我一个水瓶、一个饭钵就足够了。"

乙和尚说："我多年来就想租条船沿江而下，现在还没做到呢，你凭什么去？！"

第二年，甲和尚从南海归来，把到过南海的事告诉乙和尚，乙和尚深感惭愧。

不行动，一切计划都只是空想，只有开始行动，才有成功的可能！如果你不想永远做个只说不做的人，那就要从每一天、每一刻、每一分钟去把握，认真做好哪怕是微不足道的小事。要有计划、持续、连贯地做下去，切实落实到自己宝贵的行动中，用行动去证明一切，持之以恒地努力。

二、人们为什么不行动

1. 不行动源于内心的恐惧

研究表明，很多人不爱行动、畏惧行动，根本原因在于恐惧失败。可是对于实现人生目标来说，真正的恐惧是等待和拖延。其实，比起思考解决方案，分析影响自己拖延的主要因素是一件更容易开始的事情。而事实上，找到自己拖延行为的影响因素也能够帮我们更行之有效地解决它。

"要么不做，要么做到最好"，这是完美主义者侍奉的人生信条。越是对自己要求完美的人，就越害怕自己的表现不够完美，他们对失败的恐惧就越深。在他们心中，每一件事情的表现都直观地反映了一个人的自我价值。如果这件事做得不好，那么他们就会否认自己的能力，从而否认自我价值。他们既害怕开始任务，又害怕完成任务，于是"不行动"就成了"最好"的应对方式。

我送给大家一句话："害怕什么就做什么，这样就不会害怕了！""不行动"的根源在于内心的恐惧和胆怯。然而，行动是一种惯性，越行动就越充满力量，越行动就越能感受到成果，对实现目标也会越有信心！

向一流人士学习

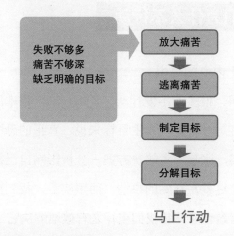

2. 不行动源于不够痛苦

不行动的根源还在于人生的失败不够多，痛苦不够深，缺乏明确的目标。

故事分享

因为痛苦，所以改变

有个年轻人从军队退伍时只有高中学历，无一技之长，只好到一家印刷厂当送货员。一天，年轻人将一整车四五十捆书送到某大学的七楼办公室；当他先把两三捆书扛到电梯口等候时，一位五十多岁的警卫走过来，说:"这电梯是给教授、老师搭乘的,其他人一律都不准乘坐,你必须走楼梯!"

年轻人向警卫解释:"我不是教授,我要送一整车书到七楼办公室,这是你们学校订的书啊!"

可是警卫一脸无情地说:"不行就是不行,你不是教授,不是老师,不准搭电梯!"两个人在电梯门口吵半天,但警卫依然不予放行。年轻人心想,要搬完这一车书,七层楼至少要走二十多趟,会累死人的!

后来,年轻人无法忍受这"无理的刁难",将心一横,把四五十捆书搬放在大厅角落,不顾一切地走了。年轻人向印刷厂老板解释事情原委,获得谅解,但也向老板辞职,并且马上到书局买了整套高中教材和参考书,含泪发誓,一定要奋发图强,考上大学,绝不再让别人"瞧不起"。

年轻人在考试前半年,天天闭门苦读十四个小时,因为他知道,他的时间不多,他已无退路可走。每当他偷懒、懈怠时,就想起"警卫不准他搭电梯"时被羞辱、歧视的那一幕，也就打起了精神，加倍努力用功。后来，年轻人终于考上了某大学医学院，现在是某知名大医院的主治医生。

3. 不行动来源于拖延

拖延是一种职场恶习，一旦拖延成为习惯，对自信心的伤害会很大。习惯性拖延甚至会让你失去同事的信任，甚至最终失去工作机会。

故事分享

总结"终结者"

小王在一家互联网企业做产品专员，市场调研、产品价格策略、成本核算、产品追踪……蜂拥而至的工作经常让他感得"头大"，压力一天比一天大。渐渐地，他发现自己越来越爱拖延工作，效率越来越低。

最近，经理要求每人写一份月度总结，在下周一老总参加的大会上汇报。这不仅关系到每一个人这一年的绩效考评,而且还会影响到未来的晋升。因此,大家都憋着一股劲儿,好好准备,小王也不例外。

但是一想到这个总结要整理过去一个月以来工作的方方面面,小王就觉得无从做起,烦躁而畏惧,越怕越不想做,越不想做越拖延。他还用一个所谓的理由来安慰自己:"这份总结这么重要,当然不能贸然行事,要深思熟虑才行。"

就这样,小王一直拖到了会议前一天,还没有一个完整的总结。这时他着急了,再不动手,明天就只有卷铺盖卷走人了!于是他手忙脚乱地开始找资料、做PPT,熬夜做了十几个小时才草草完稿。深夜两点,小王迷迷糊糊地看了一遍,觉得报告完全不能体现自己的工作情况,更没有展现自己的业绩,然而,已经没有时间了。

结果可想而知,领导们紧皱的眉头让小王体验到了拖延的苦果。

在行动教育,我们不但教给大家自我管理的方法,同时还建立了晨会和夕会制度,杜绝大家拖延。而对于自我管理来说，解决畏惧和拖延的根本途径在于消解任务的艰巨感，这可以通过以下三个方法来实现：

1. 将小目标分解。从一个小任务开始做起，而不是总想着去完成艰巨的大任务。

2. 多想如何走出第一步，而不是想什么时候才能做完。

3. 坚决完成每一个小任务，自信就是这样逐渐建立起来的。

三、行动力的两大来源

心理学研究表明，一个人没有行动，是他不了解行动力的来源。事实上每一个人的行动理由通常可以归纳为两点：第一是为了追求目标，取得成功；第二是为了逃离痛苦。

1. 伟大的行动力源于远大的理想

我们渴望卓越、追求成功，这是人类与生俱来的本能。成功而美好的人生其实就是被高远的目标点燃了梦想，目标能够激发我们的行动力。

要让事情改变,我们必须自己先改变;要让事情变得更好,我们必须先把自己变得更好;要让目标可以达成,就必须让自己快速突破,快速地行动从而改变自己。

2. 逃离痛苦

一个人逃离痛苦的影响力远比追求快乐大得多。

再回到我自己的例子。当年我遇到侯某挑战的时候,既没有能力也没有办法改变侯某对我铺天盖地的打击。如果我一直不采取行动,会怎样呢?那么我就会一直保持当时的样子,停滞不前。当年的我没有学历,没有成功,甚至还非常贫困;性格上胆怯、懦弱、自卑。可以说是一无所有、一文不名。如果我不积极地改变自己,将终身陷入这种困境当中,难以改变。

所以我必须尽快行动起来,这样才能真正去改进、去完善、去纠正自身不足。萤火虫只有在振翅的时候,才能发出光芒。我要成为一只不灭的萤火虫,即使在艳阳高照的白天,我也要发出光芒,照亮大地。即使行动不会带来短期成功,但总比坐而待毙好。没有行动,所有的果实都无法收获。

四、行动力三大法则

1. 自律

要把目标视觉化、图像化，让目标牵引着你，逼迫自己去改变现状并实现目标，永不放弃。侯某给我的打击是肉体上的，但他不会让我感到痛苦，真正的痛苦来源于自己不作为。要相信坚持的力量，外在的阻力其实并不能从根本上改变我们，只要我们足够坚持，用行动来证明自己的坚持，最终一定会达到目标。

2. 他律

他律就是做出公众承诺。比如，我立志要在十年时间把跆拳道运动做到中国第一，这个目标如果实现不了，对我影响并不大。但是为了促使自己实现理想，我必须把这件事公之于众，公开做出承诺，让别人时刻监督我。给自己一个非做不可的理由，让自己去干那些最不想干、最难干的工作。

3. 以成功者为伍

如果既达不到自律，也没有公众承诺的影响力，还有一种方法就是选择高标准的平台。让平台来督促你，这也属于他律。很多人在参军以后就身姿端正、雷厉风行了,这是环境熏陶的力量。平台会逼迫你,让你非做不可,激活你的行动力,久而久之会把这种行

动力转化成一种惯性。越行动越进步,越进步越有成果,越有成果越有能量、力量,就会获得更大的收获。

五、行动管理的六大步骤

1. 我要得到什么样的结果?
2. 达不到有什么样的痛苦?
3. 不行动有什么坏处?
4. 假如马上行动,有什么好处?
5. 制定期限,马上行动。
6. 将行动计划告诉你的家人、朋友和领导。

举例分析:

背景:业务员小王,女性,25岁,进入公司后业绩一直处于中下游水平,随时有被淘汰的危机,小王想开发一个新的大客户,但因为第一次拜访被拒绝后一直没有勇

气继续开展业务。还有2个月，公司将进行新一轮的考核评定，小王很可能会被公司辞退……

开发一个新的大客户，按照六大步骤制定你的行动计划，以下是小王根据激发行动的六大步骤所填写的内容：

1. 我要得到怎样的结果：
　_____

2. 如果做不到会有怎样的痛苦：
　_____

3. 不行动有什么坏处：
　_____

4. 假如马上行动，有什么好处：
　_____

5. 制定期限，马上行动：
　_____

6. 将行动计划告诉你的家人、朋友和领导：
　_____

小王成功了吗？这并不重要，重要的在于小王终于有勇气开始行动，只要行动就有成功的可能。现在，你也来试试练习一下吧！

找出一件你一直想做但没有去做的事,按照六大步骤制定你的行动计划:

1. 我要得到怎样的结果:
   _____
   _____

2. 如果做不到会有怎样的痛苦:
   _____
   _____

3. 不行动有什么坏处:
   _____
   _____

4. 假如马上行动,有什么好处:
   _____
   _____

5. 制定期限,马上行动:
   _____
   _____

6. 将行动计划告诉你的家人、朋友和领导:
   _____
   _____

六、持续行动，坚持不懈

故事分享

佛 石

南海有个寺庙，需要雕刻一座佛像，供人膜拜。僧人来到石堆中挑选，发现了一块非常具有灵气的大石，僧人对大石说："你被选中做佛石，可以雕刻成佛像供人膜拜。"大石一听，非常高兴，可僧人又说："不过，雕刻的过程非常痛苦，你能忍受吗？"大石想了想，同意了。

大石被运回了寺庙，工匠开始雕刻，这千锤百炼的痛苦远远超过了它的想象，没几天，大石就决定放弃，工匠们只好把它扔在山脚下。

僧人又来到石堆中挑选，这次选出的石头运到庙里后，工匠们二话不说，就开始了雕刻，山脚下的大石每天听到山顶传来的呻吟声，暗自庆幸自己躲过一劫。

没多久，佛像雕刻好了，那块原本平凡的石头变成了万人敬仰的佛，熠熠生辉，每日来往的香客络绎不绝，上山的路也变得泥泞起来，工匠决定铺一条石子路，他们看到了被扔在山脚下的那块大石，于是将它拿来敲得粉身碎骨，铺成了一条石子路。当这块原来的佛石每天经受香客的踩踏时，忍不住后悔，如果当初它能够经受磨炼，坚持下去，那今天被人膜拜的就是它了。可后悔又什么用呢？机会稍纵即逝，如果坚持的话，命运就会截然不同。

一个是万人膜拜的佛，一个是万人踩踏的碎石，你希望成为哪一个？

你是否也如故事中的大石一样，由于害怕行动，或是行动了却没能坚持下来，最终浪费了自己的好资质，从而与成功无缘？

其实，每个人都是可以雕琢成佛的佛石，但必须接受锤炼才能成功。修炼五项管理就是锤炼自己的过程，你要做的就是行动，并且天天行动。只要你坚持，奇迹一定会发生。

七、行动者宣言

心态管理、目标管理、时间管理、学习管理、行动管理，这就是高效人士的五项管理。通过本书的系统学习，希望你能从中看到自己的现状和远景，希望你能从此学会成功人士的学习经验，提高效率，提升业绩，一步步迈向属于你的成功人生！

行动是你成功的保证，马克·吐温说过一句话：你害怕什么？做你害怕做的事，你就不会害怕了。现在让我们先行动起来！

先行动起来，在行动中去纠正、去调整；

先行动起来，在行动中去检验、去完善；

先行动起来，在行动中去学习、去发现；

先行动起来，在行动中去增添勇气、创造机遇。

如果你下定决心成为一个成功的人，那你就应用五项管理来规划人生，你的航程就此起锚。你就是自己命运之船的船长。

只要遵循五项管理去做，每天进步一点点，那么在人生的海洋里，你就不会迷失方向，成功的彼岸就在前方！

让我们一起宣誓，做一个行动的成功者吧！

行动者宣誓

从今天起，我要向全世界宣布：

我要做一个行动的巨人。

我要在行动中去学习，去成长。

在行动中去尝试，去完善。

在行动中去奋斗，去超越。

在行动中去增添勇气，创造奇迹。

我要马上行动，立即行动，

快速行动，直到养成习惯！

行动！行动！行动！

后 记

让你立即行动的好工具——
高效人士的五项管理《行动日志》

已经有近30万人，1万多家企业，通过五项管理《行动日志》来规划人生，成为高效人士！

无论你是公司基层的普通员工，还是渴望能够超越自己的中层干部，或是一个企业的领航者、掌舵者，都不应错过这个让你立即行动的好工具。

1. 什么是高效人士五项管理的配套落地工具《行动日志》？

知名企业家李践用30余年的时间，研究了世界上顶尖的成功人士和他们成功的方法，最终总结出了成功的共同秘诀，他将这个秘诀称之为"高效人士的五项管理"。

16年来，他将"五项管理"在自己的企业进行培训普及，后来为了帮助员工日常修炼，又把它提炼成365天的操作工具"五项管理——《行动日志》"，《行动日志》被他的员工、客户、学员带入了更多的企业。迄今为止，已经有数万家企业导入，超过30万人学习、运用这套工具，通过改变思维，改变行为，最终养成高效的习惯。它可以让每人每天每件事，都能对照目标，对照过程、对照结果，所以又是企业绩效管理最有效的落地工具。

为了让这套工具被更多的人了解，帮助更多的人成功，我们编写了这本《高效人士的五项管理》。本书附赠《行动日志》7天试用版，你可以试着填写，感受它带来的成长和改变。

2. 如何通过《行动日志》提升绩效？

导入五项管理，使用《行动日志》，对于提高员工业绩、提升企业绩效的作用是非常明显的。有数据显示，使用《行动日志》后，企业绩效平均提升30%~300%。

根据我们十几年的使用和服务经验，按以下步骤导入《行动日志》最为有效：

（1）培训引导，统一思想

首先要培训，把整个《行动日志》的核心内容，即五大模块充分展示出来，通过培训来理解、来体会、来统一观念，增长知识，让全员对使用《行动日志》有清晰的认识。

（2）发放工具，正确使用

管理人员必须使用《行动日志》，普通员工尽量使用。只有将工作、生活可视化，才能知道做到还是没有做到，才能知道自己应该如何改进。

（3）晨会夕会，三每三对照

晨会：早上用5~15分钟，以部门为单位，每个员工拿着《行动日志》，公示自己今天的目标和工作重点，由部门经理当场指导，有效行动。

夕会：下午下班前，人员尽量到齐，以部门为单位，每个员工拿着《行动日志》对照早上的计划来进行总结，哪个目标完成了，哪个目标没有完成，总结没完成的原因和障碍，以及说明解决这个障碍的方法和措施，需要上级或同事给予的支持等，当日事当日清。

三每三对照：每人每天每件事，早上对照目标，中间对照过程，晚上对照结果。用《行动日志》作为工作载体，自己该做什么,同事们在做什么,所有的一切都要清清楚楚。

3. 监督检查，制度推行

员工只会做你检查的事，不会做你要求的事；你检查什么就得到什么，检查重于信任，领导者就是检查者。员工在晨会、夕会相互检查；部门经理每天检查；人力资源部经理每周检查，总经理随时抽查。

使用《行动日志》，要制订使用标准和奖励机制。比如，有些企业规定《行动日志》填写不规范的人员要给团队赞助成长基金10元，经理连带赞助，人力资源部检查不到位，3倍赞助等；又如，有些企业每月、每季度评比优秀使用者，分享成功经验，颁发奖励等。

总之，通过团队的力量推动每个人的进步，通过坚持使用《行动日志》，养成员工高效的习惯，最后他们被迫成功。每个员工都提高效率、提升业绩，达成绩效，企业的绩效就会自然达成。

客户见证 1
上海动宝教育科技有限公司创始人 余政东

我们公司是国内专为体育培训机构提供智能化整体解决方案的科技创新型企业，创始于 2014 年 6 月。旗下拥有体育培训机构云系统管理品牌"动宝"；企业管理咨询服务品牌"中体联"；智能体测硬件品牌"体智"。从 2014 年至今，"动宝"教育全员坚持学习《高效人士的五项管理》课程并使用课程配套工具——《行动日志》。

在学习《高效人士的五项管理》之前，公司状况为大目标清晰，但没有落实到每月、每周、每天和执行细节层面，存在目标落地困难，重点不明确，难以考核等问题。"动宝"教育全体员工在学习课程后，每天都坚持召开半个小时的晨会、夕会，并进行"三每三对照"互动，还定期召开全员读书会和团队分享活动等。

在这一系列活动执行后，我们感到员工每天的工作目标变得更加清晰可落地，时间分配更加合理，响应速度越来越快，工作效率明显提高。尤其是对于"90后"员工的管理，通过这一系列系统总结和学习活动，能够帮助他们快速融入集体，了解公司文化，迅速成长为团队的生力军。

在"五项管理"理念的帮助下，全体员工一起努力，企业业绩取得了飞速增长。2018年，"体育智能"和"体育培训业商学院"这两个板块做到了全行业第一，公司估值超过1亿元人民币。

今天，我们所取得的成绩要特别感谢"五项管理"，它既能够让我们审视过去，又能够有效管理未来，清晰地知道自己未来的发展方向，及时调整企业的发展目标，不断进步！

客户见证 2
湖南口味王集团董事长 郭志光

湖南口味王集团创立于2000年,经过10多年的快速发展,已由一家小型工厂变成了拥有资阳区长春经开区、向家堤、黄家湖、沧水铺、桃江、邵阳、海南万宁的后安、东澳8个大型生产基地,一万多名员工的集团化公司。基地占地面积近800亩,建筑面积30多万平方米,固定资产投资数十亿元。公司主要生产口味王旗下青果槟榔,青果槟榔以"香醇、可口、不烧口"的特点,深受消费者欢迎,并在近几年晋级为新一代提神利器。"提神快嚼口味王"已经被广大消费者公认并口口相传。口味王旗下和成天下系列槟榔更以"果子好、劲道足"深受广大消费者偏爱,赢得了"和成天下槟榔,湖南人更爱吃"的美誉!

2018年,口味王前后共派出近10位中高层管理干部参与"五项管理"课程学习,让学习者深刻认识到企业中聚焦问题做管理和聚焦增长做管理两种不同方式所带来的不同结果,并深刻认知唯有聚焦增长才能使企业存在的各种问题得到有效解决!

"五项管理"中我们收获最大的是目标管理,知道了唯有设定好高增长的目标后,做的一切管理活动才是最有效的。同时,要抓住"牛鼻子"工作去发力,并分解到每人、每天进行日经营才能一步步的达成目标。

学习课程后,我们在公司开展了以下落地举措:(1)成功建立商学院,并建立了自己的培训体系;(2)目标设定工作不断推进,并针对各个职能有计划地开展兵棋推演活动;(3)晨会改革正式启动。

应用以上举措后,公司运行效率取得很大提升。

《高效人士的五项管理》是一套非常好的思维模型,它可以很清楚地帮你梳理企业的核心,让你的思路更清晰,清楚地理解你应该干什么、怎么干才是最有效的。我们建议更多企业老板和总经理以及全体员工一起学习它。

客户见证 3
深圳同兴达科技股份有限公司显示触控事业群总裁 隆晓燕

我们公司创立于 2004 年 4 月,隶属于国家级高新技术企业,坐落于广东省深圳市龙华区。公司专业研发、设计、生产、销售 TFT 液晶显示模组,触控显示一体化模组(On-cell、In-cell),AMOLED,全面屏等产品。产品主要用于手机、平板电脑、数码相机、医疗设备显示、仪器仪表、车载显示等领域,符合欧盟 ROHS2.0、REACH 法规、无卤的环保标准。公司于 2017 年 1 月 25 日在深圳证券交易所上市,股票代码:002845。

从 2018 年上半年开始,公司有 300 多人学习"五项管理"理论,并配合使用《行动日志》。在公司内部采取了以下落地举措:(1)坚持每天召开晨会,每周一全体管理人员召开大晨会,部门召开二次晨会。(2)要求全员使用《行动日志》,在晨会上落实"三每三对照"活动。(3)针对参加培训的学员定期组织转训活动,培训学习时间与转训时间的时长比例为1:0.5,即员工参加了一天时间的培训活动,在公司内部要进行半天的学习总结汇报。

公司导入"五项管理"效率模式体系后,实践效果非常好,短短半年时间,有效地帮助大家提升了工作效率,尤其是在时间管理方面,带给我们的帮助是最大的。它能够帮助我们对时间进行合理规划,按照工作重点合理安排工作内容。

我们愿意将"五项管理"推荐给更多企业管理者和职场人士使用。

客户感言

香飘飘食品有限公司人力资源经理　刘代华

我们用《高效人士的五项管理》结合绩效考核,把目标分解到每月、每周、每天,配合晨会进行检查,然后对工作进行分解、监督、评估,对员工的士气激励效果非常好!让我们团队的凝聚力和公司精神面貌都发生特别大的改变!

梦天木业有限公司总经理　吴丰平

自从我们使用了《高效人士的五项管理》及《行动日志》,员工的工作积极性变得非常强,只用了半年的时间就比原计划多开发了140家客户,利润上涨了200%!这个管理工具能让管理更加轻松,一定要尽早使用。

上海齐鼎集团董事长、味之都连锁品牌创始人　齐大伟

自从用了《高效人士的五项管理》和《行动日志》之后,

发觉这不是一套简单的理论和日志,而是一套使组织管理更加有效的工具!我们公司中层以上的干部有 200 多人,每人每天坚持使用,它大大提升了工作效率!感谢李践先生为企业管理带来如此好的一套工具。

重庆好日子餐饮集团总经理 刘茂仪

使用了《高效人士的五项管理》和《行动日志》后,我们的员工做到了:凡是工作必有计划,凡是计划必有责任,凡是责任必有结果,凡是结果必有检查,凡是检查必有奖惩的工作形态,工作积极性和工作效率得到了很大的提高。

航管红木家具总经理 黄俊豪

我使用《高效人士的五项管理》及《行动日志》后,发现工作效率明显提高了,时间也宽裕了,回望自己走过的路程很清晰。我推荐给公司的中高层干部使用,效果都非常好。

云南为天集团董事长 宦飞

《高效人士的五项管理》和《行动日志》让我们能够提前预见企业发展过程中的一些不测,并及时将其优化。导入这套系统后,我们的销售幅度至少提升了 50%!

行动商学院

企业管理必修课

激活你的五项本能

送你一套高效人士自我管理大课

APP同步音频配套课程
6堂大课限时免费领取
280000人正在学习
邀请你加入

扫码下载APP
限时免费听课

快速提升企业家能力

效率模式

《高效人士的五项管理》配套课程

推动企业50%增长的日经营系统

主讲导师：王 洋

效率系统首席导师
集团增长体系核心导师
组织系统第一课《效率模式》导师

李践导师与团队30年研究与实践
《效率模式》全新战略升级
实践、精炼、创新
李践团队30年持续增长的实践绝招
李嘉诚体系60年运营系统精炼
行动教育高效组织与转型创新秘籍

【 互联网+时代，全新的战略升级，需要建立新的《效率模式》管理系统 】

效率模式 七大模块

第一模块 组织变革：组织转型与增长目标如何高效落地
第二模块 增长共识：如何让员工自动自发工作，如何围绕50%增长搭建组织共识系统
第三模块 达标管理：如何进行年度与月度预算管理
第四模块 时间效率：如何进行高效时间管理，如何在8小时内做对事情
第五模块 策略路径：如何围绕目标制定核心策略和执行动作
第六模块 人才培养：如何建立"制度+人才"的培养机制
第七模块 惯性打造：如何建立高效行动管理，快速导入《效率模式》系统

效率模式 课程优势

36套教材，120个在线学习微课
5大系统，7个模块，61种方法、147个管理动作
一套1年4转长青藤效率模式落地体系
国家高新技术资格认证人保部组织管理体系认证
迄今为止
5万家企业导入效率模式系统
85%的企业实现30%目标增长
50%的企业实现50%目标增长

效率模式　　免费申领转型资料，预定学习席位
致电 400-865-1115　24小时服务热线　134-0256-8886

行动经管工具书

行动日志

14天体验版

李践 —— 著

5万多家企业全员导入

超过30万人实践验证

天天出成果 人人出效益

机械工业出版社
CHINA MACHINE PRESS

姓名：_____

电话号码：_____

2019年

January 1
日	一	二	三	四	五	六
		1 元旦	2 廿七	3 廿八	4 廿九	5 小寒
6 十二月	7 初二	8 初三	9 初四	10 初五	11 初六	12 初七
13 腊八节	14 初九	15 初十	16 十一	17 十二	18 十三	19 十四
20 大寒	21 十六	22 十七	23 十八	24 十九	25 二十	26 廿一
27 廿二	28 小年	29 廿四	30 廿五	31 廿六		

February 2
日	一	二	三	四	五	六
					1 廿七	2 廿八
3 廿九	4 除夕	5 春节	6 初二	7 初三	8 初四	9 初五
10 初六	11 初七	12 初八	13 初九	14 情人节	15 十一	16 十二
17 十三	18 十四	19 元宵节	20 十六	21 十七	22 十八	23 十九
24 二十	25 廿一	26 廿二	27 廿三	28 廿四		

March 3
日	一	二	三	四	五	六
					1 廿五	2 廿六
3 廿七	4 廿八	5 廿九	6 惊蛰	7 二月	8 妇女节	9 初三
10 初四	11 初五	12 植树节	13 初七	14 初八	15 初九	16 初十
17 十一	18 十二	19 十三	20 十四	21 春分	22 十六	23 十七
24 十八	25 十九	26 二十	27 廿一	28 廿二	29 廿三	30 廿四
31 廿五						

April 4
日	一	二	三	四	五	六
	1 愚人节	2 廿七	3 廿八	4 廿九	5 清明	6 初二
7 初三	8 初四	9 初五	10 初六	11 初七	12 初八	13 初九
14 初十	15 十一	16 十二	17 十三	18 十四	19 谷雨	20 十六
21 十七	22 十八	23 十九	24 二十	25 廿一	26 廿二	27 廿三
28 廿四	29 廿五	30 廿六				

May 5
日	一	二	三	四	五	六
			1 劳动节	2 廿八	3 廿九	4 青年节
5 四月	6 立夏	7 初三	8 初四	9 初五	10 初六	11 初七
12 护士节	13 初九	14 初十	15 十一	16 十二	17 十三	18 十四
19 十五	20 十六	21 小满	22 十八	23 十九	24 二十	25 廿一
26 廿二	27 廿三	28 廿四	29 廿五	30 廿六	31 廿七	

June 6
日	一	二	三	四	五	六
						1 儿童节
2 廿九	3 五月	4 初二	5 初三	6 芒种	7 端午节	8 初六
9 初七	10 初八	11 初九	12 初十	13 十一	14 十二	15 十三
16 父亲节	17 十五	18 十六	19 十七	20 十八	21 夏至	22 二十
23 廿一	24 廿二	25 廿三	26 廿四	27 廿五	28 廿六	29 廿七
30 廿八						

July 7
日	一	二	三	四	五	六
	1 建党节	2 三十	3 六月	4 初二	5 初三	6 初四
7 小暑	8 初六	9 初七	10 初八	11 初九	12 初十	13 十一
14 十二	15 十三	16 十四	17 十五	18 十六	19 十七	20 十八
21 十九	22 二十	23 大暑	24 廿二	25 廿三	26 廿四	27 廿五
28 廿六	29 廿七	30 廿八	31 廿九			

August 8
日	一	二	三	四	五	六
				1 建军节	2 初二	3 初三
4 初四	5 初五	6 初六	7 七夕节	8 立秋	9 初九	10 初十
11 十一	12 十二	13 十三	14 十四	15 中元节	16 十六	17 十七
18 十八	19 十九	20 二十	21 廿一	22 廿二	23 处暑	24 廿四
25 廿五	26 廿六	27 廿七	28 廿八	29 廿九	30 三十	31 八月

September 9
日	一	二	三	四	五	六
1 初三	2 初四	3 初五	4 初六	5 初七	6 初八	7 初九
8 白露	9 十一	10 教师节	11 十三	12 十四	13 中秋节	14 十六
15 十七	16 十八	17 十九	18 二十	19 廿一	20 廿二	21 廿三
22 廿四	23 秋分	24 廿六	25 廿七	26 廿八	27 廿九	28 三十
29 九月	30 初二					

October 10
日	一	二	三	四	五	六
		1 国庆节	2 初四	3 初五	4 初六	5 初七
6 初八	7 重阳节	8 寒露	9 十一	10 十二	11 十三	12 十四
13 十五	14 十六	15 十七	16 十八	17 十九	18 二十	19 廿一
20 廿二	21 廿三	22 廿四	23 廿五	24 霜降	25 廿七	26 廿八
27 廿九	28 十月	29 初二	30 初三	31 初四		

November 11
日	一	二	三	四	五	六
					1 初五	2 初六
3 初七	4 初八	5 初九	6 初十	7 十一	8 立冬	9 十三
10 十四	11 十五	12 十六	13 十七	14 十八	15 十九	16 二十
17 廿一	18 廿二	19 廿三	20 廿四	21 廿五	22 小雪	23 廿七
24 廿八	25 廿九	26 十一月	27 初二	28 初三	29 初四	30 初五

December 12
日	一	二	三	四	五	六
1 初六	2 初七	3 初八	4 初九	5 初十	6 十一	7 大雪
8 十三	9 十四	10 十五	11 十六	12 十七	13 十八	14 十九
15 二十	16 廿一	17 廿二	18 廿三	19 廿四	20 廿五	21 廿六
22 冬至	23 廿八	24 廿九	25 圣诞节	26 十二月	27 初二	28 初三
29 初四	30 初五	31 初六				

2020年

January 1
日	一	二	三	四	五	六
			1 元旦	2 腊八节	3 初九	4 初十
5 十一	6 小寒	7 十三	8 十四	9 十五	10 十六	11 十七
12 十八	13 十九	14 二十	15 廿一	16 廿二	17 小年	18 廿四
19 廿五	20 廿六	21 廿七	22 廿八	23 廿九	24 除夕	25 春节
26 初二	27 初三	28 初四	29 初五	30 初六	31 初七	

February 2
日	一	二	三	四	五	六
						1 初八
2 初九	3 初十	4 立春	5 十二	6 十三	7 十四	8 元宵节
9 十六	10 十七	11 十八	12 十九	13 二十	14 情人节	15 廿二
16 廿三	17 廿四	18 廿五	19 雨水	20 廿七	21 廿八	22 廿九
23 初一	24 初二	25 初三	26 初四	27 初五	28 初六	29 初七

March 3
日	一	二	三	四	五	六
1 初八	2 初九	3 初十	4 十一	5 惊蛰	6 十三	7 十四
8 妇女节	9 十六	10 十七	11 十八	12 植树节	13 二十	14 廿一
15 廿二	16 廿三	17 廿四	18 廿五	19 廿六	20 春分	21 廿八
22 廿九	23 三十	24 初一	25 初二	26 初三	27 初四	28 初五
29 初六	30 初七	31 初八				

April 4
日	一	二	三	四	五	六
			1 初九	2 初十	3 十一	4 清明节
5 十三	6 十四	7 十五	8 十六	9 十七	10 十八	11 十九
12 二十	13 廿一	14 廿二	15 廿三	16 廿四	17 廿五	18 廿六
19 谷雨	20 廿八	21 廿九	22 三十	23 初一	24 初二	25 初三
26 初四	27 初五	28 初六	29 初七	30 初八		

May 5
日	一	二	三	四	五	六
					1 劳动节	2 初十
3 十一	4 十二	5 立夏	6 十四	7 十五	8 十六	9 十七
10 十八	11 十九	12 二十	13 廿一	14 廿二	15 廿三	16 廿四
17 廿五	18 廿六	19 廿七	20 小满	21 廿九	22 三十	23 初一
24 初二	25 初三	26 初四	27 初五	28 初六	29 初七	30 初八
31 初九						

June 6
日	一	二	三	四	五	六
	1 儿童节	2 十一	3 十二	4 十三	5 芒种	6 十五
7 十六	8 十七	9 十八	10 十九	11 二十	12 廿一	13 廿二
14 廿三	15 廿四	16 廿五	17 廿六	18 廿七	19 廿八	20 廿九
21 父亲节	22 初二	23 初三	24 初四	25 端午节	26 初六	27 初七
28 初八	29 初九	30 初十				

July 7
日	一	二	三	四	五	六
			1 建党节	2 十二	3 十三	4 十四
5 十五	6 小暑	7 十七	8 十八	9 十九	10 二十	11 廿一
12 廿二	13 廿三	14 廿四	15 廿五	16 廿六	17 廿七	18 廿八
19 廿九	20 三十	21 初一	22 大暑	23 初三	24 初四	25 初五
26 初六	27 初七	28 初八	29 初九	30 初十	31 十一	

August 8
日	一	二	三	四	五	六
						1 建军节
2 十三	3 十四	4 十五	5 十六	6 十七	7 立秋	8 十九
9 二十	10 廿一	11 廿二	12 廿三	13 廿四	14 廿五	15 廿六
16 廿七	17 廿八	18 廿九	19 初一	20 初二	21 初三	22 初四
23 初五	24 初六	25 七夕节	26 初八	27 初九	28 初十	29 十一
30 十二	31 十三					

September 9
日	一	二	三	四	五	六
		1 十四	2 中元节	3 十六	4 十七	5 十八
6 十九	7 白露	8 廿一	9 廿二	10 教师节	11 廿四	12 廿五
13 廿六	14 廿七	15 廿八	16 廿九	17 三十	18 初一	19 初二
20 初三	21 初四	22 初五	23 初六	24 初七	25 初八	26 初九
27 初十	28 十一	29 十二	30 十三			

October 10
日	一	二	三	四	五	六
				1 国庆节	2 十六	3 十七
4 十八	5 十九	6 二十	7 廿一	8 寒露	9 廿三	10 廿四
11 廿五	12 廿六	13 廿七	14 廿八	15 廿九	16 初一	17 初二
18 初三	19 初四	20 初五	21 初六	22 初七	23 霜降	24 初九
25 初十	26 十一	27 十二	28 十三	29 十四	30 十五	31 十六
重阳节						

November 11
日	一	二	三	四	五	六
1 十六	2 十七	3 十八	4 十九	5 二十	6 廿一	7 立冬
8 廿三	9 廿四	10 廿五	11 廿六	12 廿七	13 廿八	14 廿九
15 三十	16 初一	17 初二	18 初三	19 初四	20 初五	21 初六
22 初七	23 初八	24 初九	25 初十	26 十一	27 十二	28 十三
29 小雪	30 十五					

December 12
日	一	二	三	四	五	六
		1 十七	2 十八	3 十九	4 二十	5 廿一
6 廿二	7 大雪	8 廿四	9 廿五	10 廿六	11 廿七	12 廿八
13 廿九	14 三十	15 十一月	16 初二	17 初三	18 初四	19 初五
20 初六	21 冬至	22 初八	23 初九	24 初十	25 十一	26 十二
27 十三	28 十四	29 十五	30 十六	31 十七		

2021年

January 1
日	一	二	三	四	五	六
					1 元旦	2 廿
3 二十	4 廿一	5 小寒	6 廿三	7 廿四	8 廿五	9 廿六
10 廿七	11 廿八	12 廿九	13 腊月	14 初二	15 初三	16 初四
17 初五	18 初六	19 初七	20 腊八节	21 初九	22 初十	23 十一
24 十二	25 十三	26 十四	27 十五	28 十六	29 十七	30 十八
31 十九						

February 2
日	一	二	三	四	五	六
	1 二十	2 廿一	3 立春	4 小年(北)	5 小年(南)	6 廿五
7 廿六	8 廿七	9 廿八	10 廿九	11 除夕	12 春节	13 初二
14 情人节	15 初四	16 初五	17 初六	18 初七	19 初八	20 初九
21 初十	22 十一	23 十二	24 十三	25 十四	26 元宵节	27 十六
28 十七						

March 3
日	一	二	三	四	五	六
	1 十八	2 十九	3 廿一	4 廿一	5 惊蛰	6 廿三
7 廿四	8 妇女节	9 廿六	10 廿七	11 廿八	12 植树节	13 二月
14 初二	15 初三	16 初四	17 初五	18 初六	19 初七	20 初八
21 初九	22 初十	23 十一	24 十二	25 十三	26 十四	27 十五
28 十六	29 十七	30 十八	31 十九			

April 4
日	一	二	三	四	五	六
				1 愚人节	2 廿一	3 廿二
4 清明	5 廿四	6 廿五	7 廿六	8 廿七	9 廿八	10 廿九
11 三十	12 三月	13 初二	14 初三	15 初四	16 初五	17 初六
18 初七	19 初八	20 谷雨	21 初十	22 十一	23 十二	24 十三
25 十四	26 十五	27 十六	28 十七	29 十八	30 十九	

May 5
日	一	二	三	四	五	六
						1 劳动节
2 廿一	3 廿二	4 青年节	5 立夏	6 廿五	7 廿六	8 廿七
9 母亲节	10 廿九	11 三十	12 护士节	13 初二	14 初三	15 初四
16 初五	17 初六	18 初七	19 初八	20 初九	21 小满	22 十一
23 十二	24 十三	25 十四	26 十五	27 十六	28 十七	29 十八
30 十九	31 二十					

June 6
日	一	二	三	四	五	六
		1 儿童节	2 廿二	3 廿三	4 廿四	5 芒种
6 廿六	7 廿七	8 廿八	9 廿九	10 五月	11 初二	12 初三
13 初四	14 端午节	15 初六	16 初七	17 初八	18 初九	19 初十
20 父亲节	21 夏至	22 十三	23 十四	24 十五	25 十六	26 十七
27 十八	28 十九	29 二十	30 廿一			

July 7
日	一	二	三	四	五	六
				1 建党节	2 廿三	3 廿四
4 廿五	5 廿六	6 小暑	7 廿八	8 廿九	9 六月	10 初二
11 初三	12 初四	13 初五	14 初六	15 初七	16 初八	17 初九
18 初十	19 十一	20 十二	21 十三	22 大暑	23 十五	24 十六
25 十七	26 十八	27 十九	28 二十	29 廿一	30 廿二	31 廿三

August 8
日	一	二	三	四	五	六
1 建军节	2 廿五	3 廿六	4 廿七	5 廿八	6 廿九	7 立秋
8 七月	9 初二	10 初三	11 初四	12 初五	13 初六	14 七夕
15 初八	16 初九	17 初十	18 十一	19 十二	20 十三	21 十四
22 中元节	23 处暑	24 十七	25 十八	26 十九	27 二十	28 廿一
29 廿二	30 廿三	31 廿四				

September 9
日	一	二	三	四	五	六
			1 廿五	2 廿六	3 廿七	4 廿八
5 廿九	6 三十	7 白露	8 初二	9 初三	10 教师节	11 初五
12 初六	13 初七	14 初八	15 初九	16 初十	17 十一	18 十二
19 十三	20 十四	21 中秋节	22 秋分	23 十七	24 十八	25 十九
26 二十	27 廿一	28 廿二	29 廿三	30 廿四		

October 10
日	一	二	三	四	五	六
					1 国庆节	2 廿六
3 廿七	4 廿八	5 九月	6 初二	7 寒露	8 初四	9 初五
10 初六	11 初七	12 初八	13 重阳节	14 初十	15 十一	16 十二
17 十三	18 十四	19 十五	20 十六	21 十七	22 十八	23 霜降
24 二十	25 廿一	26 廿二	27 廿三	28 廿四	29 廿五	30 廿六
31 廿六						

November 11
日	一	二	三	四	五	六
	1 廿七	2 廿八	3 廿九	4 十月	5 初二	6 初三
7 立冬	8 初四	9 初五	10 初六	11 初七	12 初八	13 初九
14 初十	15 十一	16 十二	17 十三	18 十四	19 十五	20 十六
21 十七	22 小雪	23 十九	24 二十	25 廿一	26 廿二	27 廿三
28 廿四	29 廿五	30 廿六				

December 12
日	一	二	三	四	五	六
			1 廿七	2 廿八	3 廿九	4 十一月
5 初二	6 初三	7 大雪	8 初五	9 初六	10 初七	11 初八
12 初九	13 初十	14 十一	15 十二	16 十三	17 十四	18 十五
19 十六	20 十七	21 冬至	22 十九	23 二十	24 廿一	25 圣诞节
26 廿三	27 廿四	28 廿五	29 廿六	30 廿七	31 廿八	

扫码免费收听"五项管理"
配套线上课程"智能时代激活你的五项本能"

行动日志的来源

　　《行动日志》是一套提升个人绩效能力的落地工具，来源于知名企业家李践先生和他的团队近32年的企业实践。

　　李践先生在企业经营过程中发现，许多卓越的企业和个人都善于进行目标管理、心态管理、时间管理、学习管理和行动管理，这就是高效人士的五项管理。

　　李践把"五项管理"用表格的方式简化到每一天，在企业中不断实践、总结、改进后，发明了这本配套的落地工具《行动日志》，在他的企业人手一册，天天使用，天天管理，结果员工能力提升了，绩效目标达成了。

　　自1992年至今，运用"五项管理"，李践先生培养出115位总经理，2000年时就培养了56位百万富翁，8年时间企业资产增长1500倍，股东投资回报率292倍。

　　"五项管理"也被李践先生的员工、客户、学员带到更多的企业，迄今为止，累计有5万多家企业导入，超过30万人从中受益，经过训练的员工个人绩效能力持续倍增。

　　人生而平等，渴望伟大，追求成功，目标、心态、时间、学习、行动，这五项管理是成功者与平庸的人最大的区别所在。《行动日志》是五项管理的操作手册，长期使用，将五项管理形成你的终身习惯。

**相信你手中的这本《行动日志》
一定会为你带来全新的改变！**

《行动日志》和普通的日记本、工作本有什么区别呢?

《行动日志》是李践先生通过研究顶尖成功人士的成功方法总结出来的,而普通的日记本可能就是一个表格,自己去记录,自己去规划。

《行动日志》是功能性的,它分享了五个方面的内容:目标管理、心态管理、时间管理、学习管理和行动管理,任何人坚持填写这个工具,就会具备成功人士的特质,你会因为这个系统而被迫成功,而普通日志不具备这种功能。

你既是这本日志的读者,更是这本日志的作者,一年365天,你的成长足迹都会在这本日志里,你的梦想、你的目标、你的学习点滴都会在这里,并且是按照时间顺序,你想知道某年某月某日你的工作是什么,你的成长是什么,你跟谁见面了,只要打开这一天的日志,一切历历在目,而普通的日记本则不会。

为什么要填写《行动日志》?

第一,你亲笔写下来的文字,更能让你感受到其意义和重要性。因为你的每一个书写动作,都将自己的想法强烈地反映在文字上,同时也将你的情感转移到文字上了。

举例:当你用手写"梦"这个字,一共有11个笔画,在你写的过程中,这个字眼和信息就会停留在你的脑海中。

第二,好记性不如烂笔头。当你做到每日填写日志,就相当于每日把你的梦想、目标、学习和行动进行强化,每个关键成功要点都经过你的思考,就会形成一种潜意识,这样你的行为就会慢慢发生变化,最终你就会成为一个高效的人,你的梦想和目标都会随之实现。

第三,填写《行动日志》比使用手机和电脑更直观。你可以随意翻阅,同时看到多个页面,更加系统全面,而手机或电脑同时只能看到一个屏幕,关联性和直观性不够。

导　言

在通往成功的道路上，您也许遇到过这些障碍：

- 目标不明确，东飘西荡，没有方向；
- 心态消极，悲观失望，怀疑害怕；
- 不会管理时间，拖延，效率低；
- 没有持续学习，缺乏应变能力；
- 行动力不够，想得多做得少。

通过我们的团队及客户近32年来超过30万人的实践证明：
每天对自己进行目标、心态、时间、学习和行动五方面的管理，
可以帮助我们改变思维，改善行为，养成高效的习惯；
可以逐步克服以上障碍，实现人生目标，走向成功！

这就是高效人士的**"五项管理"**

第一项 **目标管理**	如何设定目标 ➡ **达成目标**
第二项 **心态管理**	如何操之在我 ➡ **乐观积极**
第三项 **时间管理**	如何管理时间 ➡ **抓住重点**
第四项 **学习管理**	如何高效学习 ➡ **持续改进**
第五项 **行动管理**	如何每天行动 ➡ **养成习惯**

第一项
目标管理
—— 目标是成功的方向

世界上没有懒惰的人，
只有没有目标的人，
没有目标就没有动力。
如果你想成功，就得有目标。

对成功的定义：

成功就是实现有意义的既定目标

你过去或现在的情况并不重要，你将来想获得什么成就才最重要。有了目标，内心的力量才会找到方向。漫无目标地飘荡，终归会迷失航向而永远到不了成功的彼岸。

世界上只有 3% 的人曾定下他们的人生目标，这也就是成功者总是极少数的原因。

一、什么是目标

| 你的目的和方向 | 你到底想要什么 | 你的梦想 | 你的愿景 |

二、人们为什么不设定目标

1	2	3	4	5
设定目标后害怕失败。	害怕被别人耻笑。	不知道目标的重要性。	不知道设定目标的方法。	不知道目标设定得是否正确。

三、目标的重要性

1. 目标产生积极的心态

目标是你努力的方向，也是你奋斗的源泉。目标给你一个看得见的彼岸。随着你实现这些目标，你就会有成就感。你的思方式或工作方式（心态）就会向着更积极主动的方向转变。

2. 目标使我们看清使命、产生动力

有了目标，对自己心中憧憬的世界便有了一幅清晰的图画，你就会把精力和资源集中在你所选定的方向上，因而你也就更加热心于你的目标。

3. 目标让我们找到生存的意义和价值

人们处事的方式主要取决于他们怎样看待自己的目标，如果觉得目标不重要，那么所付出的努力自然也就没有什么价值，甚至不会去付出；如果觉得目标很重要，情况则相反。

4. 目标使我们把重点从过程转到结果

成功的尺度不是做了多少工作，而是获得多少成果。

5. 目标有助于我们分清轻重缓急、把握重点

没有目标，我们很容易陷入跟理想无关的现实事务中。一个忘记最重要事情的人，会成为琐事的奴隶。

6 目标使我们集中精力，把握现在

目标对目前工作具有指导作用。也就是说，现在所做的，必须是实现未来目标的一部分。因而让人重视现在、把握现在。

7. 目标能提高激情，有助于评估进展

目标使我们心中的想法具体化，干起活来心中有数，热情高涨；目标同时提供了一种自我评估的标准。你可以根据自己距离目标有多远来衡量取得的进步，测知自己的效率。

8. 目标使人自我完善，永不停步

自我完善的过程，其实就是潜能不断发挥的过程。而要发挥潜能，你必须全神贯注于自己有优势并且会有高回报的方面。这些优势必然得到进一步发展。

9. 目标产生信心、勇气和胆量

信心、勇气和胆量来自于"知己知彼"。对目标及其实现过程的清晰透彻的认识，必然使你从容不迫、处变不惊。

10. 目标使你成为一个成功的人

美国19世纪哲学家、诗人爱默生说："一心向着自己目标前进的人，整个世界都给他让路！"

四、目标设定的范围

1. 人生目标6大领域

2. 展望未来，看清起点

- 从现在开始展望未来，你想飞多高、飞多远？要敢于做梦。
- 回到当下，你的起点在哪里？你的优势和劣势是什么？
- 你要学习什么？你要提升什么？
- 你要用什么方法才能达成你的目标？

3. 以终为始，从终极目标反推回来

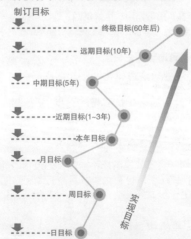

五、设定目标的五项原则 (参考人生蓝图规划表)

六、如何设定目标

安排一段完整的时间,找一个安静的场所,关掉手机,拿出纸笔,认真深刻地思考下面的内容。

① 寻找你的人生终极目标

有近期、中期目标的人不少(比如,考研究生、结婚、买房子、买车子等),但是有清晰的人生终极目标的人却不多。人生终极目标 就是人生的最终定位。 人们往往不愿对此深究,主要基于两个原因:

- 人生终极目标太远,世事难料,过早确定似乎意义不大。
- 人生变幻,生活漂泊,人生终极目标,怎么说得清楚。

其实,你可以换一种思路来思考你的终极目标

假如不会失败:

你要一个什么样的人生? 你要一个什么样的事业和家庭? 你想拥有什么样的财富? 你想成为一个什么样的人?

尽情地去做梦,每个人都有做梦的权力。
把梦想写下来,就变成了你的目标,就变成了人生的导航。

不要以你现在的条件来设定目标

比如,我现在没有钱,我现在知识不够,我现在没有人际关系,我怎么达成目标?你想要什么结果,从你的人生终点往回设想。你60岁以后,在人生的六大领域:事业、财富、家庭生活、学习成长、人际关系、健康休闲方面,你的梦想是什么?

② 分析你的目标

从你的人生终极目标（60岁以后）往回设想，制订你的远期目标（10年）、中期目标（5年）和近期目标（1~3年）。每个阶段你希望达成什么结果，把它们逐一写下来。

对每一个目标，扪心自问：

- 这真是我的目标吗？
- 我真的热切希望吗？
- 这个目标是否有违良心？
- 是否损人利己？
- 它与其他目标有矛盾和冲突吗？
- 我是否乐意全身心地投入？
- 能否想象达成这个目标的情形？

以上7个问题的答案，必须都是正面的、积极的，否则这些目标需要修正甚至删除。

然后再接着自问： 达成这个目标

- 会使我更快乐吗？
- 会使我更健康吗？
- 会使我更富足吗？
- 会使我交到更多的朋友吗？
- 会使我更有安全感吗？
- 会使我和别人相处得更愉快吗？

如果以上6个问题的答案皆为否定，那么就应重新考虑该目标。

然后分析你的起始点：

- 我究竟有什么才干和天赋？
- 我的主要优势是什么？
- 我的劣势是什么？
- 我曾有过的成功记录有哪些？
- 我所处的时代和环境对我而言有什么机遇？
- 我与什么人物往来？
- 与之合作我想得到什么结果？
- 我的知识和技能是否能跟上时代的脚步？

③ 寻找支持

确认达成目标的障碍并找出解决障碍的方法

确认障碍,是为了有备无患,从容不迫。同时要记住:障碍是来帮助我们学习成长的,而不是来阻碍我们的;达成目标的过程,其实就是克服障碍的过程。

关键性障碍应找出不低于五个解决方案,其他每个障碍都要找出解决方法。

确认达成目标所需要的知识和技能

你已经具备哪些知识?你还需要哪些技能?如何获得这些知识和技能?制定相应的学习计划。每次学习完都要做总结,你学到了什么?如何应用?不断完善自己,为你的目标达成做充分的准备。

确认达成目标有帮助的人和团体

充分调动力量和因素,找到合适的人或团体来帮助自己达成目标;比如专业协会、行业协会、专家老师、业内成功人士。想办法让该领域内较成功的专业人士来帮助你。同时,获得家人的支持也是快速达成目标的有效动力。

④ 立即行动

将目标视觉化

想象目标完成后的感觉,让自己沉浸在美好的情境中。

在内心勾勒一幅明晰的人生蓝图,从而产生实现目标的动力和克服障碍的决心。潜意识的运作来自于明确的画面。假如你梦想在某年某月买一辆车,请你把这辆车的颜色、款式等描述得一清二楚,并找来具体的照片,贴到你的"梦想板"上,来引导自己的思维从这方面思考。

制定达成目标的计划和完成期限

一旦确定目标及实现目标(解决障碍)的方法,你就要制定每年、每月、每周甚至每天的计划,并设定完成的期限。没有期限,就等于没有目标,就永远达不到成功的彼岸。期限能够衡量目标的进展,激发向目标不断前进的动力。

马上行动,现在就做

没有行动,再好的计划也只是白日梦,不要拖延,不要"以后",立即就做,现在就做。把你的梦想变成行动计划,按下面的步骤分解到每年、每月、每周、每天,用《行动日志》带领自己去行动。

七、分解目标的4大步骤

心在远方,路在脚下,一些大目标看似难以实现,只要把它分解成无数个小目标,每天去完成,实现起来就非常容易。那么如何分解并达成目标?可以按以下4个步骤进行:

第一步　设定你的本年度目标

1、根据你的远期、中期和近期目标,结合你现在的起点和公司的绩效要求,设定你本年度的工作目标,填入44~47页本年度目标表中,提前想好方法和措施,并设定起止时间。

2、其他领域的目标,也要提前规划安排。《行动日志》倡导高效工作,平衡生活,除了事业,也要让自己和谐快乐。

第二步　把年度目标拆分到月

1、先把年度业绩目标拆分并填写到46页本年度目标分解及达成评估表的12个月中,每月结束填写实际达成,对照目标,找到差距,及时反省改进。

2、再把具体工作目标和生活目标分解后填写到48、49页的月目标表中,也要提前想好方法和措施。越提前规划,越容易实现目标。

第三步　分解到周,填写周目标

按优先顺序列出本周工作目标和完成时限,同时规划其他5个方面的目标,注意平衡人生。每周五晚规划好下周目标,填到每周周目标表中。

第四步　把周目标分解到周一至周日

把分解好的目标填写到日志上,每天保证完成任务,日清日新。

为方便大家理解运用,33~41页有个真实的案例示范,摘自一位营销总经理的2018年《行动日志》,按当时的设定,他的目标已经全部达成。《行动日志》为他和他的企业带来了巨大的变化。

八、四条重要建议

1 头一天晚上设定明日目标

2 上周末前设定下周目标

3 上月月底前设定下月目标

4 上年度年底前设定明年目标

九、达成目标的三个方法

1. 每周总结，反省改进

每周日晚上认真填写周总结，问自己以下4个问题：
- 本周目标完成情况
- 未完成目标的原因和障碍
- 克服障碍的对策和方法
- 本周创新与收获

2. 每月总结，校正目标

　　每月底，一定要回到48、49页月目标表，对照原定目标，填写实际达成，找到差距，反省总结，校正方向。方向比努力更重要。

3. 循环往复，坚持使用

　　一年365天，每天，每周，每月，只要你坚持使用《行动日志》，日积月累，没有完不成的目标，没有达不成的绩效！

第二项
心态管理 —— 心态是成功的基础

为什么有些人总是很成功，很快乐，
因为他们大部分时间都秉持积极的心态。

积极的心态像太阳，照到哪里哪里亮！
消极的心态像月亮，初一、十五不一样！

  人与人之间只有很小的差异，但这种差异却往往造成了人生结果的巨大差异。很小的差异就是人生的态度是积极的还是消极的，巨大的差异就是结果的成功与失败！

一、心态是如何影响人的

> 心态就是内心的想法和外在的表现。
> 心态只有两种，积极的和消极的。

任何事物都有积极的一面和消极的一面。如果你是积极的，你看到的就是乐观、进步、向上的一面，你的人生、工作、人际关系及周围的一切就都是成功向上的；如果你是消极的，你看到的就是悲观、失望、灰暗的一面，你的人生自然也就乐观不起来。

积极的心态能激发高昂的情绪，帮助你忍受痛苦，克服恐惧，并且凝聚坚韧不拔的力量；消极心态却使人自我设限，怀疑退缩，最终丧失机会。

二、消极为什么不能使人成功

1 消极心态使机会丧失

一到关键时刻，消极心态便散布疑云迷雾，使你犹疑不决，即使出现机会也看不清、抓不到。

2 消极心态使希望泯灭

消极心态者总是埋怨、责怪、找理由、找借口、推卸责任，因丧失责任感而摧毁自信心，使希望泯灭。看不到将来的希望，也就激发不出任何动力。

3 消极心态消耗掉90%的精力

消极者日复一日在消极的境遇中挣扎。

4 消极心态限制潜能发挥

人不可能取得自己并未追求的成就。一个人不相信他所能达到的成就，便不会去争取。消极心态者不但总是想到世界最坏的一面，而且想到自己最坏的一面。他们不敢祈求，成了发挥自我潜能的最大敌人。

5 消极者悲观失望，随波逐流，不能充分享受人生

在人生的整个航程中，消极心态者一路上都在晕船。无论目前境况如何，他们总是感到失望、恶心。在这种糟糕的状态下，他们无意认定目标，无力操控航向，只好随波逐流，任由漂荡。这样的人生何谈快乐、成功、健康，更谈不上充分享受人生旅程中的美好风光了。

美国成功学院对1000名世界知名成功人士的研究结果表明：

"积极的心态决定了成功的85%。"

> 你用什么样的心态对待生活，生活就怎样对待你。
> 你用什么样的态度对待别人，别人就用什么样的态度对待你。

因此，有什么样的心态，就有什么样的思维和行为，就有什么样的环境和世界，就有什么样的未来和人生。

三、心态管理的两大方法

1、**相信自己的力量**：毫无理由、毫无条件地相信自己，相信目标，相信世界。

2、**内向思维**：永远将焦点和注意力放在自己身上，绝不找借口，百分之百对自己负责任。

> - 删除消极的思维、信念、字眼、语言、肢体、动作。
>   比如：不可能、办不到、没办法、都是别人的问题、都是别人的错。
>
> - 心态转换，在遇到挑战的时候，永远将注意力和焦点放到积极的一面，你改变不了事情但可以改变心情，你改变不了风向但可以改变风帆。
>   - 挫折=存折
>   - 障碍=最爱
>   - 问题=课题

四、心态自我评估的标准

积极心态的八大关键因素：

- 认真
- 快
- 坚守承诺
- 保证完成任务
- 乐观
- 自信
- 爱与奉献
- 决不找借口

评分项目	积极心态	10分	消极心态	0分
认真	第一次做好		马虎、投入不够、有缺陷	
快	当日事当日毕		拖延、浪费时间、无价值工作	
坚守承诺	说到做到		虚假、不诚实	
保证完成任务	100%的目标完成率		放弃或不能坚持	
乐观	积极思维		悲观失望、抱怨、指责	
自信	接受挑战		怀疑、害怕、经常说"不可能"	
爱与奉献	主动帮助别人		索取、自私	
决不找借口	不找借口		找借口、找理由、我是受害者	

积极心态是10分，消极心态是0分，没有中间分值。

针对你的0分项目，请立即分析原因并写出改进计划。

第三项
时间管理
—— 时间是成功的过程

人们重视生命，

乐于理财，

却疏于时间管理。

有了目标管理，还需要"时间管理"的技巧。把所有的目标轻重缓急尽快地逐一实现，提高生命的品质。

一、时间是什么

时间是生命！ 时间是财富！
时间是资源！ 时间是人生最大的资本！

时间的特性
不可增减、不可缺少、不可贮存、不可替代。
但是，时间可以管理！

你的时间价值多少？

年收入 (万元)	年工作时间 (天)	日工作时间 (小时)	每天价值 (元)	每小时价值 (元)	每分钟价值 (元)
10	254	8	393.70	49.21	0.82
20	254	8	787.40	98.42	1.64
30	254	8	1181.10	147.63	2.46
100	254	8	3937.00	492.10	8.20
300	254	8	11811.00	1476.30	24.60

二、什么是时间管理

就是用最快的时间达成最有价值的目标，实现均衡的人生。

三、检视你的时间管理

针对下表每一项内容自我检视,凡做到的打"√",然后计算一下做到事项占总事项的百分比。一个月后再做一次,一年后又做一次,就能看出时间管理的进步所在。

序号	内 容	现在	1月后	1年后
1	你是否热爱你所做的工作,并始终保持积极的心态?			
2	你是否用书面的形式制定了一套明确的远期、中期、近期目标与计划?			
3	在一天工作开始前你是否编好了当天的工作次序,拟定"每日工作计划"			
4	你是否把每天要办的事按轻重缓急列出单子,并尽量把重要的事早点办?			
5	你是否把工作注意力集中在目标上而不是集中在过程上?			
6	你是否以工作成绩和效果而不以工作量作为自我考核的依据?			
7	你是否铭记时间的货币价值?			
8	你今天为实现人生的远期、中期、近期计划做过什么工作?			
9	你是否每天都留出计划和思考问题的时间?			
10	你是否合理利用上下班途中时间?			
11	你是否注意午饭的食量,以避免下午打瞌睡?			
12	你是否给自己留出足够的时间,突击处理危机和意外事件?			
13	你是否尽量把工作授权给他人处理?			
14	对于你的下级,你是否做到"权责一致"?			
15	你是否阻止你的下级对他们认为棘手的工作"倒授权"?			
16	你是否养成条理整洁的习惯?			
17	你是否采取了某些措施以减少无用资料和报刊占有你的办公桌?			
18	你是否养成凡事马上行动、立即就做的习惯?			
19	你是否强迫自己迅速做出决策?			
20	你是否经常给自己和别人规定工作期限要求?			
21	你是否尽可能早地中止那些毫无收益的活动?			
22	当你面临需要解决的问题时,你是否运用"80/20法则"处理?			
23	你是否尽量对每一种工作只做一次处理?			
24	你是否腾出一部分时间为下级提供训练?			
25	你是否使用节约时间的工具?			
26	当你召开会议前是否考虑了取代该次会议的各种途径?			
27	开会时你是否设法提高会议效率与效果?			
28	为了更好地管理自己的时间,你是否经常(或定期)进行时间统计?			
29	你是否定期检查自己的时间支配方式,以确定无各种时间浪费的原因?			
30	你是否将重要的工作安排在你工作效能最佳的时间做?			

现在我已做到____项____年____月____日　　现在做到事项的百分比____%
一月后我做到____项____年____月____日　　一月后做到事项的百分比____%
一年后我做到____项____年____月____日　　一年后做到事项的百分比____%

四、时间是怎样浪费掉的

内部

- 缺乏计划
- 没有目标
- 拖延
- 抓不住重点
- 事必躬亲
- 有头无尾
- 一心多用

- 缺乏条理与整洁
- 找东西
- 简单的事情复杂化
- 懒惰
- 浪费别人时间

- 不会拒绝请求
- 盲目行动
- 不懂授权
- 盲目承诺
- 越权指挥
- 救火
- 完美主义

外部

上级领导浪费时间	开会、电话、不懂授权、官僚、制度死板、步骤太多、信息不共享、责权不清、目标不明确
工作系统浪费时间	访客、官样文章、员工离职、人手不足、训练不够
生活条件浪费时间	通信、环境、交通、朋友闲聊、家住郊区

五、时间管理的10个方法

1 生命规划

第一优先事项

每年 → 每月 → 每周 → 每日

人生的六大领域规划

事业 + 财富 + 家庭生活 + 学习成长 + 人际关系 + 健康休闲

以周为平衡点,每周总结工作,规划生活

周目标	周一	周二	周三	周四	周五	周六	周日	周总结

2 要事第一

① 分清优先顺序、要事第一

② 运用A B C法则
- A 最重要 ➡ 自己做
- B 重要 ➡ 压缩做
- C 次重要 ➡ 授权别人做

③ 如何判断A—最重要的事情
● 带来最大价值 ● 不做就没机会了 ● 别人不能替代

④ 用大块时间集中保证A类事项优先完成！

测试：请你用ABC法则为下表中营销总经理合理管理时间

周一				2017年6月5日
按ABC分类	起止时间	今日事项　要事第一 (A类.最重要　B类.重要　C类.次重要)		完成打√
		周绩效评估会议	2小时	
		天津代理商来参观公司	1小时	
		新产品发布会	3小时	
		知名记者专访	1小时	
		杭州大客户到访	2小时	
		核心员工离职	2小时	
		与总经理开会	2小时	
		电话沟通华南工作	1小时	

3 每日管理
- 记录每天的时间，记录比记忆更重要
- 列出每天要做的事情，管理消耗掉的时间

4 任务清单
- 记录"谁"做，完成期限，明确任务

5 检查追踪
- 按照记录的时间，对任务"按时"追踪检查
- 按照记录的时间，对承诺"准时"完成

6 日清日新
- 当日事当日毕；做到的打勾
- 没做到的打圈；总结成果

7 杜绝拖延
- 凡事设定期限，不要等待

8 条理整洁
- 能做到的事马上决定
- 待做的事情记录日志
- 保留的东西立即归档
- 做不出决定的先扔掉

9 马上行动
- 立即记录，天天反省，马上改进

10 授权
- 管理就是将你的事交由别人去完成，授权就是复制自己。

永远有两个选择：**自己做**还是**别人做**

授权的好处	如何授权
• 员工得到尊重与重视 • 调动员工积极性 • 别人有成就感 • 组织高效	• 找对人 • 明确结果 • 检查评估 • 责、权、利一致 • 解决困难 • 不重复与倒授权 • 承担责任

25页测试参考答案：营销总经理的时间管理及说明

周一			2017年6月5日
按ABC分类	起止时间	今日事项 要事第一 (A类.最重要 B类.重要 C类次重要)	原因说明
B1	17:00~18:00	周绩效评估会议	是自己直接掌控的会议，来得及就开，来不及明天再开，可以调整时间。
C1		天津代理商来参观公司	可以授权给代理商部负责人接待。
A1	9:00~12:00	新产品发布会	能带来最大价值，错过就没有机会了，必须本人亲自来做。
B3		知名记者专访	知名记者有影响力，专访对企业和品牌有好处，肯定要重视，但是可以压缩时间或电话沟通完成。
A2	14:00~16:00	杭州大客户到访	客户是衣食父母，大客户更带来高利润，接待杭州大客户到访，对于营销总监一定是A类事项。
A3	16:00~17:00	核心员工离职	员工是关键客户，这是重要紧急的突发事件，尤其是带来高价值的核心员工，一定要及时亲自处理。
B2		与总经理开会	可以与总经理协调改时间或压缩时间，因为与总经理开会是企业内部的事。
C2		电话沟通华南工作	可以授权做或改期做，或者今日不做。

六、行动日志每日时间管理的填写步骤

第一步 预先记录事项

第二步 用ABC分出重要级别

第三步 分配起止时间（大块时间，集中确保重要事项）

第四步 对不重要的事情可以不做

一年365天，天天时间管理，抓住重点，日清日新，逐渐养成高效的习惯。

第四项
学习管理
—— 学习是成功的源泉

今日之世界,
并不是武力统治,
而是创新支配。

只有不断学习,才能持续成功

一、学习误区

1. 不学习

很多人认为学习是负担,但成功人士都有学习的习惯,只有学习才能持续进步,才能持续获得解决问题的能力,你的学习力决定了你的竞争力,不学习等于排斥成长和成功的机会。管理者和企业一把手要成为学习的先行者,要学得比对手更快、更多、更好!

2. 不会学习

很多人认为只要看看书、听听课就是学习了,而真正有效地学习要系统学、专注学、团队学、持续学,学习也是一门学问,要学习成功人士的学习方法,每天坚持学习2~3个小时。学得多了,自然融会贯通。

3. 学了不做

光学不练假把式,知道不等于做到,学习的乐趣不在于学,而在于做。知行合一、行胜于言才是学习的王道。

二、学习本质

不学习，必灭亡；唯学习，方永生

一切失败，皆因无知

学到哪，才能做到哪；做到哪，就要学到哪

每个人都要终生学习，活到老，学到老！

三、学习的捷径

向一流人士学习   复制成功

学习成功人士的书籍、课程，成为成功人士的朋友，请成功人士做自己的教练。

每天养成学习习惯   聚沙成塔

聚焦某一领域，每天进步1%，1万小时定律，你就会成专家。

四、行动日志中的管理学习 —— 记录比记忆更重要

1 在工作中学习 ▶ 填写"今日学习"

2 在总结中学习 ▶ 填写"改进方法"

五、循环学习法

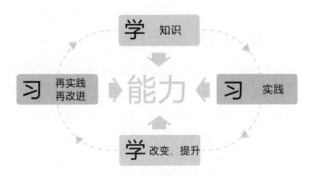

只有学习力，才有创新力！ 有了创新力，才有竞争力！

第五项
行动管理
—— 行动是成功的保证

人生没有太多的机会和等待，
做出决定，马上行动！

行动是一切成功的保证。

一、人们为什么不行动

| 1 | 失败不够多，痛苦不够深 | 2 | 缺乏明确的目标 |

二、行动的原因

逃离痛苦，追求快乐。

三、行动管理的六大步骤

6 将行动计划告诉你的家人、朋友和领导。
5 制定期限，马上行动。
4 假如马上行动，有什么好处？
3 不行动有什么坏处？
2 达不到有什么样的痛苦？
1 我要得到什么样的结果？

四、我为什么要行动

1	2	3	4	5
我要积极乐观 避免痛苦悲观。	设定目标并达成目标。	时间管理创造更高价值。	学习、改进、提升。	马上行动才能成功、快乐、富足、健康。

五、如何将《行动日志》进行到底

1 培训引导
学习《高效人士的五项管理》，对照 行动日志
填写组织培训后每人分享两点：
- 学到什么
- 如何改进

2 团队使用制度推行
两会制度：晨会+夕会
三每三对照制度
- 每人
- 每天
- 每件事
- 早上对照目标
- 中间对照过程
- 晚上对照结果

3 监督检查
- 部门经理每天检查，人力资源部每周检查
- 按项处罚，部门经理连带责任
- 形成企业文化，勉强习惯，习惯成自然

4 擅用外力
- 预约绩效顾问，定期检查辅导
- 参加五项 主题培训，交流经验
- 请绩效专家上门指导，个案解决

六、立即行动

坐而言不如起而行！请把你的笔拿出来，
马上行动，开始行动的航程。

行动者宣誓

从今天起我要向全世界宣布:

我要做一个行动的巨人。

我要在行动中去学习,去成长。

在行动中去尝试,去完善。

在行动中去奋斗,去超越。

在行动中去增添勇气,创造奇迹。

我要马上行动,立即行动,

快速行动,直到养成习惯!

行动!行动!行动!

如果你下定决心做一个成功的人,那你就运用《行动日志》来规划人生吧!

你的航程就此起锚,你就是自己命运之船的船长,这本日志就是成功的"航海图"。

只要遵循"五项管理"去做,并按要求填写《行动日志》,那么在人生的海洋上,你将不会迷失方向,成功的彼岸就在前方!

行动日志填写示范

示范人物：张华

职　　务：营销总经理

年　　龄：28岁

本年度目标表一（示范）

从近期目标中选取一年内必须实现的其他目标分解到本表。

类别		序号	目标内容	方法和措施	起止时间	完成打✓
事业目标	财务指标		1.收入8000万元 毛利2400万元 ・老业务收入4000万元 毛利1400万元 ・新业务收入2000万元 毛利400万元 ・新业务收入2000万元 毛利600万元 2.现金回款100% 3.成本削减5% 4.应收款为0	1.研发2个高端产品	6月、10月各1个	
				2.研发2个中端产品	3月、6月各1个	
				3.开发北京、天津、沈阳、西安、福州、成都等6个新区域	1月~12月	
				4.改良老客户，建立铂金客户服务团队	1~3月	
				5.发展新代理商20家	3~9月	
				6.招聘70名学习顾问	3月	
				7.完成零缺陷服务客户手册	1~6月	
				8.用"绩效飞轮"进行管理	每周	
	客户指标	1	客户满意度99%	保证课程品质，提升会务质量，每次会务总结会后立即整改	1~12月	
		2	客户流失率1%	投诉电话改为自己的手机号码，第一时间解决问题 制订服务客户的奖罚规则	1~12月	
		3	复购买率70%	加大服务跟踪力度，及时推荐新产品	1~12月	
		4	客户转介绍率80%	1.把电话销售转成顾问营销 2.举办各地区同学会 3.增加客户附加服务	1~12月	
	管理指标	1	组织员工培训200个小时	每周二17~20点例行培训3小时 每月一次全体员工专业技能训练	1~12月	
		2	制度执行力100%	每日晨夕会上检查与自我检查	1~12月	
		3	培养5位总监人才	1.强化学习与考核 2.每月集中培训交流	1~9月	
		4	培养10个推广讲师	从每季度"讲师训"活动中筛选人才	3~9月	
		5	员工满意度100%	执行"三欣四新"会流程	1~12月	

本年度目标表二（示范）

从近期目标中选取一年内必须实现的其他目标分解到本表。

类别	序号	目标内容	方法和措施	起止时间	完成打✓
财富目标		税后年收入100万元以上	完成业绩目标和利润目标	1.1~12.30	
家庭生活	1	接父母来上海	太太去接	9.1~9.30	
家庭生活	2	买一辆30万元轿车	①了解新车资讯，提前规划 ②每月业绩达标	12.1~12.30	
家庭生活	3	与太太每2周看一次电影，就餐两次	列入《行动日志》	1.1~12.30	
学习成长	1	报考EMBA	①查阅资料选定学校 ②复习备考	1.1~12.30	
学习成长	2	每月看完8本书籍并做笔记	写入日志，每周自我检查	1.1~12.30	
人际关系		与国内2位知名企业家成为朋友。	①在客户中认识 ②请朋友引荐认识	1.1~9.30	
健康休闲	1	去香港旅游一次 去少林寺旅游一次	提前规划时间	1.1~12.30	
健康休闲	2	每周打2小时乒乓球			

本年度目标分解及达成评估表（示范）

把年度业绩目标分解到每个月，每月回到本表填写实际达成，找到差距反省改进。

评估 月份	原定目标	实际达成	差距
一月	400万元	410万元	+10万元
二月	400万元	330万元	-70万元
三月	400万元	380万元	-20万元
四月	500万元	560万元	+60万元
五月	700万元	630万元	-70万元
六月	800万元	750万元	-50万元
七月	800万元	790万元	-10万元
八月	800万元	740万元	-60万元
九月	800万元	820万元	+20万元
十月	800万元	850万元	+50万元
十一月	800万元	790万元	-10万元
十二月	800万元	780万元	-20万元
年总目标	8000万元	7830万元	-170万元

6 月目标（示范）

每月提前思考完成目标的方法和措施，月末回到本表，根据完成情况填写本月总结。

类别	重要级别	目标内容	方法和措施	完成打√
工作指标	A1	收入800万元、 ·老业务200万元、 ·新业务收入200万元 ·新客户收入200万元	1.推出高端产品LDL项目 2.推出第2个中端产品"销售经理特训营" 3.北京分公司开业，员工上岗 4.与2家代理商签约，派讲师进驻培训辅导	O
	A2	现金回款800万元	列入业务员A级目标，与奖金挂钩	√
	A4	成本削减5%	所有支出严格按预算执行	√
	B3	客户满意度99%	保证课程品质和会务品质，每次会后总结整改完善	√
	B1	客户重复购买率80%	客户咨询电话改为我的手机号码	√
	B2	客户转介绍率80%	组织上海同学会，进行打靶比赛	√
	A3	员工培训20个小时	每周二17~20点例行培训3小时	√
	C	制度执行力100%	每日晨夕会检查	√
其他目标	理财规划	汇丰银行开户、购买XX基金		
	家庭生活	18号昆明演讲结束后去看父母		
	学习成长	查询报名EMBA		
	人际关系	与徽商协会许会长认识		
	健康休闲	每周打2小时乒乓球		

本月总结

▼ 本月目标完成情况

1.收入目标800万元，实际完成750万元；2.毛利目标240万元，实际完成200万元；3.新产品延期推出。

▼ 未完成目标的原因和障碍

1.客户延期签约；2.新闻发布会现场临时更换音箱，租金超出预算；3.新员工目标未完成。

▼ 克服障碍的对策和方法

1.跟进铂金客户；2.加强新员工培训力度；3.控制采购成本，源头购买；4.十五天内新产品推出上市。

▼ 本月创新与收获

寓教于乐，尝试休闲式培训，效果不错。

优先顺序	▼ 本周工作目标	1.请参考月目标分解以及本周事项 2.请在上周五前规划填写	完成期限
A1	收入200万元		周五
A2	拜访、服务10位铂金大客户		周五
A3	面试5人		周三
B	团队培训一次		周四

本周其他目标	
理财规划	购买××黄金
家庭生活	周四晚上陪太太看电影
学习成长	看完2本书籍
人际关系	周六去拜访徽商协会许会长
健康休闲	体检、打2个小时乒乓球

本周工作总结
目标完成情况
1、收入完成220万元 2、大客户拜访5家 3、面试6人 4、培训
未完成目标的原因
大客户拜访不达标的原因是伙伴与铂金客户的关系不到位
改进方法
在本月组织一次全员的大客户客情关系的培训
本周创新与收获
启用岗位胜任力模型,招到公司真正需要的人才

日目标（示范）

周一　　　　　　　　　　　　　　　2018 年 6 月 4 日

按ABC分类	起止时间	今日事项　要事第一 （A类.最重要　B类.重要　C类.次重要）	完成打√
A3	9:00~10:00	参加总经理管理会议	√
A2	10:00~11:00	周绩效评估会	O
A1	13:30~15:30	新产品新闻发布会	√
B1	16:00~16:30	新员工面试	√
B2	16:40~17:00	与张总会谈南京公司架构事宜	√
C	17:00~18:00	关于7月8日千人活动事宜讨论	√
	—		

今日学习：　看《蓝海战略》懂得定价策略

改进方法：　要分清责任，教他做不能替他做

心态管理：以下每项做到评10分，未做到评0分。

认真 _10_ 分　　　快 _0_ 分　　　坚守承诺 _10_ 分　　　保证完成任务 _0_ 分
乐观 _10_ 分　　　自信 _10_ 分　　爱与奉献 _10_ 分　　　决不找借口 _10_ 分
　　　　　　　　　　　　　合计为 _60_ 分　　　请标到每月心态曲线图中

周二　　　　　　　　　　　　　　　2018 年 6 月 5 日

按ABC分类	起止时间	今日事项　要事第一 （A类.最重要　B类.重要　C类.次重要）	完成打√
A1	8:30~11:30	拜访2位大客户	√
A2	13:00~14:00	新产品营销推广工作安排	√
A3	14:00~15:00	修改会务奖励机制	√
B1	16:00~16:30	落实无锡同学会活动细节	√
B2	17:00~20:00	周二例行培训电话沟通技巧	√
	—		
	—		

今日学习：　学习了电话沟通的新技巧

改进方法：　当日事当日毕

心态管理：以下每项做到评10分，未做到评0分。

认真 _10_ 分　　　快 _0_ 分　　　坚守承诺 _0_ 分　　　保证完成任务 _0_ 分
乐观 _10_ 分　　　自信 _10_ 分　　爱与奉献 _10_ 分　　　决不找借口 _10_ 分
　　　　　　　　　　　　　合计为 _50_ 分　　　请标到每月心态曲线图中

日目标（示范）

周三			2018年6月6日
按ABC分类	起止时间	今日事项　要事第一 (A类.最重要　B类.重要　C类.次重要)	完成打√
A3	9:30~11:00	销售经理特训营课题研讨	√
A1	11:30~13:30	拜访长江电力薛董，一起就餐	√
A2	14:00~14:30	给阜阳华润王云峰总经理去电1390000000　0550-1234567 关于合作事宜	
B	16:00~19:00	推广讲师演讲比赛	√
	—		
	—		
	—		

今日学习：演讲比赛中学到别人的长处
改进方法：四只眼睛看市场
心态管理：以下每项做到评10分，未做到评0分。

认真 __10__ 分　　快 __10__ 分　　坚守承诺 __10__ 分　　保证完成任务 __10__ 分
乐观 __10__ 分　　自信 __10__ 分　　爱与奉献 __10__ 分　　决不找借口 __10__ 分
　　　　　　　　　　　　　　合计为 __80__ 分　　请标到每月心态曲线图中

周四			2018年6月7日
按ABC分类	起止时间	今日事项　要事第一 (A类.最重要　B类.重要　C类.次重要)	完成打√
B	9:00~11:00	与杭州、广州、深圳公司讨论新客户开发计划	√
A3	11:00~12:00	电话拜访2个大客户	√
A2	15:00~16:00	润安公司徐总来访	√
A1	16:00~18:00	重庆联盟商协议签订	√
	—		
	—		
	—		

今日学习：看《砍掉成本》学到具体方法
改进方法：沟通前站在对方立场思考，沟通时注意自己语气语调，多聆听
心态管理：以下每项做到评10分，未做到评0分。

认真 __10__ 分　　快 __10__ 分　　坚守承诺 __10__ 分　　保证完成任务 __10__ 分
乐观 __10__ 分　　自信 __10__ 分　　爱与奉献 __0__ 分　　决不找借口 __10__ 分
　　　　　　　　　　　　　　合计为 __70__ 分　　请标到每月心态曲线图中

日目标（示范）

周五　　　　　　　　　　2018 年 6 月 8 日

按ABC分类	起止时间	今日事项　要事第一 (A类.最重要　B类.重要　C类.次重要)	完成打√
A2	10:00~11:00	参加会务部品质检讨	√
A1	12:00~13:00	接待大客户张海风主任	√
B	14:00~15:00	回复陈总合作事宜	√
A3	16:30~18:30	部门开"三欣四新"会	√
	—		
	—		
	—		

今日学习：从"三欣四新"会里看到自己的差距
改进方法：相信相信的力量，目标一定会实现
心态管理：以下每项做到评10分，未做到评0分。

认真 __10__ 分　　快 __10__ 分　　坚守承诺 __10__ 分　　保证完成任务 __10__ 分
乐观 __10__ 分　　自信 __0__ 分　　爱与奉献 __10__ 分　　决不找借口 __10__ 分
　　　　　　　　　　　　　　合计为 __70__ 分　　请标到每月心态曲线图中

周六　　2018 年 6 月 9 日

按ABC分类	起止时间	今日事项　要事第一 (A类.最重要 B类.重要 C类次重要)	完成打√
A1	8:00~12:00	去体检	√
A2	13:00~15:00	去拜访徽商协会许会长	√
B	19:00~21:00	去打乒乓球	—
	—		
	—		
	—		

今日学习：看《细节决定健康》一书
改进方法：专注认真,保持乐观心态做事
心态管理：以下每项做到评10分，未做到评0分。
认真 10分　快 10分　坚守承诺 10分　保证完成任务 10分
乐观 10分　自信 10分　爱与奉献 10分　决不找借口 10分
　　　　　　合计为 80分　　请标到每月心态曲线图中

周日　　2018 年 6 月 10 日

按ABC分类	起止时间	今日事项　要事第一 (A类.最重要 B类.重要 C类次重要)	完成打√
A1	8:00~17:00	去参加思维导图培训	√
A2	18:00~23:00	整理自己《承诺的力量》书稿	√
	—		
	—		
	—		
	—		

今日学习：从课程中学到新的思维方式
改进方法：每件事设定完成时间节点
心态管理：以下每项做到评10分，未做到评0分。
认真 10分　快 10分　坚守承诺 10分　保证完成任务 10分
乐观 0分　自信 10分　爱与奉献 0分　决不找借口 10分
　　　　　　合计为 70分　　请标到每月心态曲线图中

高效工作　快乐生活
一切改变从现在开始

现在，我将开始使用《行动日志》

我将是这本日志的唯一作者，也是这本日志的读者。
这本日志将浓缩我生命的里程，记录我一年365天的精彩。
只要我坚持使用，高效、快乐将伴随我的每一天！

我郑重承诺：

行动日志是我的圆梦计划，
行动日志是成功人士的成功方法，
我将我的梦想写在《行动日志》里，天天行动，梦想就会实现，
我将我的目标写在《行动日志》里，天天行动，目标就会达成。
我深知：没有任何人能够改变我，除非我自己改变，
我的改变就从每天填写《行动日志》开始。
我承诺每天认真填写《行动日志》，
当日事情当日完成，
每日反省总结改进，
如果我连这件简单的事情都无法做到，
我将一事无成；
如果我能够每天做到，
我将无所不能。
我相信我自己，我一定要做到！
我相信我自己，我一定要行动！
我相信我自己，我一定要成功！

做不到的个人承诺：_____

承诺人签字：　　　　　　日期：
监督人签字：　　　　　　日期：

本年度目标表一

从近期目标中选取一年内必须实现的工作目标分解到本表。

类别	序号	目标内容	方法和措施	起止时间	完成打✓
事业目标					

本年度目标表二

从近期目标中选取一年内必须实现的其他目标分解到本表。

类别	序号	目标内容	方法和措施	起止时间	完成打✓
财富目标					
家庭生活					
学习成长					
人际关系					
健康休闲					

本年度目标分解及达成评估表

把年度业绩目标分解到每个月，每月回到本表填写实际达成，找到差距反省改进。

评估 月份	原定目标	实际达成	差距
一月			
二月			
三月			
四月			
五月			
六月			
七月			
八月			
九月			
十月			
十一月			
十二月			
年总目标			

本年度其他目标分解及达成评估表

把年度财富、家庭生活、学习成长、人际关系、健康休闲等目标具体分解到每个月。

评估 月份	原定目标	实际达成	差距
一月			
二月			
三月			
四月			
五月			
六月			
七月			
八月			
九月			
十月			
十一月			
十二月			
年总目标			

本月行事历

星期日	星期一	星期二	星期三	星期四	星期五	星期六

____月目标

每月提前思考完成目标的方法和措施,月末回到本表,根据完成情况填写本月总结。

类别	重要级别	目标内容	方法和措施	完成打√
工作指标				
其他目标	理财规划			
	家庭生活			
	学习成长			
	人际关系			
	健康休闲			

本月总结	
	▼ 本月目标完成情况
	▼ 未完成目标的原因和障碍
	▼ 克服障碍的对策和方法
	▼ 本月创新与收获

优先顺序	▼ 本周工作目标	1.请参考月目标分解本周事项 2.请在上周五前规划填写	完成期限

本周其他目标	
理财规划	
家庭生活	
学习成长	
人际关系	
健康休闲	

▼ 本周工作总结
目标完成情况
未完成目标的原因
改进方法
本周创新与收获

周一　　　　　　　　　　　　　　　　　　　　年　月　日

按ABC分类	起止时间	▼ 今日事项　要事第一 (A类.最重要　B类.重要　C类.次重要)	完成打√
	—		
	—		
	—		
	—		
	—		
	—		
	—		

今日学习：

改进方法：

心态管理：以下每项做到评10分，未做到评0分。

认真＿＿＿分　　　快＿＿＿分　　　坚守承诺＿＿＿分　　　保证完成任务＿＿＿分
乐观＿＿＿分　　　自信＿＿＿分　　　爱与奉献＿＿＿分　　　决不找借口＿＿＿分
　　　　　　　　　　　　　　　　合计为＿＿＿分　　　请标到每月心态曲线图中

周二　　　　　　　　　　　　　　　　　　　　年　月　日

按ABC分类	起止时间	▼ 今日事项　要事第一 (A类.最重要　B类.重要　C类.次重要)	完成打√
	—		
	—		
	—		
	—		
	—		
	—		
	—		

今日学习：

改进方法：

心态管理：以下每项做到评10分，未做到评0分。

认真＿＿＿分　　　快＿＿＿分　　　坚守承诺＿＿＿分　　　保证完成任务＿＿＿分
乐观＿＿＿分　　　自信＿＿＿分　　　爱与奉献＿＿＿分　　　决不找借口＿＿＿分
　　　　　　　　　　　　　　　　合计为＿＿＿分　　　请标到每月心态曲线图中

周三　　　　　　　　　　　　　　　　　　　　　年　　月　　日

按ABC分类	起止时间	今日事项　要事第一 (A类.最重要　B类.重要　C类.次重要)	完成打√
	—		
	—		
	—		
	—		
	—		
	—		
	—		

今日学习：

改进方法：

心态管理：以下每项做到评10分，未做到评0分。

认真_____分　　快_____分　　坚守承诺_____分　　保证完成任务_____分
乐观_____分　　自信_____分　　爱与奉献_____分　　决不找借口_____分
　　　　　　　　　　　　　　　合计为_____分　　请标到每月心态曲线图中

周四　　　　　　　　　　　　　　　　　　　　　年　　月　　日

按ABC分类	起止时间	今日事项　要事第一 (A类.最重要　B类.重要　C类.次重要)	完成打√
	—		
	—		
	—		
	—		
	—		
	—		
	—		

今日学习：

改进方法：

心态管理：以下每项做到评10分，未做到评0分。

认真_____分　　快_____分　　坚守承诺_____分　　保证完成任务_____分
乐观_____分　　自信_____分　　爱与奉献_____分　　决不找借口_____分
　　　　　　　　　　　　　　　合计为_____分　　请标到每月心态曲线图中

周五　　　　　　　　　　　　　　　　　　　　年　月　日

按ABC分类	起止时间	今日事项　要事第一 (A类.最重要　B类.重要　C类.次重要)	完成打√
	—		
	—		
	—		
	—		
	—		
	—		
	—		

今日学习：

改进方法：

心态管理：以下每项做到评10分，未做到评0分。

认真____分　　　快____分　　　坚守承诺____分　　　保证完成任务____分
乐观____分　　　自信____分　　　爱与奉献____分　　　决不找借口____分
　　　　　　　　　　　　　　　　合计为____分　　请标到每月心态曲线图中

周六　　　　　　　年　月　日　　　　　　　　周日　　　　　　　年　月　日

按ABC分类	起止时间	今日事项　要事第一 (A类.最重要 B类.重要 C类.次重要)	完成打√	按ABC分类	起止时间	今日事项　要事第一 (A类.最重要 B类.重要 C类.次重要)	完成打√
	—				—		
	—				—		
	—				—		
	—				—		
	—				—		
	—				—		
	—				—		

今日学习：　　　　　　　　　　　　　　　　　　今日学习：

改进方法：　　　　　　　　　　　　　　　　　　改进方法：

心态管理：以下每项做到评10分，未做到评0分。　心态管理：以下每项做到评10分，未做到评0分。

认真__分 快__分 坚守承诺__分 保证完成任务__分　认真__分 快__分 坚守承诺__分 保证完成任务__分
乐观__分 自信__分 爱与奉献__分 决不找借口__分　乐观__分 自信__分 爱与奉献__分 决不找借口__分
　　　　　合计为____分　请标到每月心态曲线图中　　　　　　合计为____分　请标到每月心态曲线图中

会议记录

年　月　日

★建议:记录人把会议记录以电子表格形式交上级审核后　分发给执行人确认

会议记录

　　　　　　　　　　　　　　　　　　　　　　　　年　月　日

★建议:记录人把会议记录以电子表格形式交上级审核后　分发给执行人确认

优先顺序	▼ 本周工作目标	1.请参考月目标分解以及本周事项 2.请在上周五前规划填写	完成期限

本周其他目标

理财规划	
家庭生活	
学习成长	
人际关系	
健康休闲	

▼ 本周工作总结

目标完成情况

未完成目标的原因

改进方法

本周创新与收获

周一			年　月　日	
按ABC分类	起止时间	▼	今日事项　要事第一 (A类.最重要　B类.重要　C类.次重要)	完成打√
	—			
	—			
	—			
	—			
	—			
	—			
	—			
	—			

今日学习：

改进方法：

心态管理：以下每项做到评10分，未做到评0分。

认真____分　　　快____分　　　坚守承诺____分　　　保证完成任务____分
乐观____分　　　自信____分　　　爱与奉献____分　　　决不找借口____分
　　　　　　　　　　　　　　　合计为_____分　　　请标到每月心态曲线图中

周二			年　月　日	
按ABC分类	起止时间	▼	今日事项　要事第一 (A类.最重要　B类.重要　C类.次重要)	完成打√
	—			
	—			
	—			
	—			
	—			
	—			
	—			
	—			

今日学习：

改进方法：

心态管理：以下每项做到评10分，未做到评0分。

认真____分　　　快____分　　　坚守承诺____分　　　保证完成任务____分
乐观____分　　　自信____分　　　爱与奉献____分　　　决不找借口____分
　　　　　　　　　　　　　　　合计为_____分　　　请标到每月心态曲线图中

周三　　　　　　　　　　　　　　　　　年　月　日

按ABC分类	起止时间	今日事项 要事第一 (A类.最重要　B类.重要　C类.次重要)	完成打√
	—		
	—		
	—		
	—		
	—		
	—		
	—		

今日学习：

改进方法：

心态管理：以下每项做到评10分，未做到评0分。

认真____分　　快____分　　坚守承诺____分　　保证完成任务____分
乐观____分　　自信____分　　爱与奉献____分　　决不找借口____分
　　　　　　　　　　　合计为____分　请标到每月心态曲线图中

周四　　　　　　　　　　　　　　　　　年　月　日

按ABC分类	起止时间	今日事项 要事第一 (A类.最重要　B类.重要　C类.次重要)	完成打√
	—		
	—		
	—		
	—		
	—		
	—		
	—		

今日学习：

改进方法：

心态管理：以下每项做到评10分，未做到评0分。

认真____分　　快____分　　坚守承诺____分　　保证完成任务____分
乐观____分　　自信____分　　爱与奉献____分　　决不找借口____分
　　　　　　　　　　　合计为____分　请标到每月心态曲线图中

周五				年　月　日	
按ABC分类	起止时间	▼	今日事项　要事第一 (A类.最重要　B类.重要　C类.次重要)		完成打√
	—				
	—				
	—				
	—				
	—				
	—				
	—				

今日学习：

改进方法：

心态管理：以下每项做到评10分，未做到评0分。

认真＿＿分　　快＿＿分　　坚守承诺＿＿分　　保证完成任务＿＿分
乐观＿＿分　　自信＿＿分　　爱与奉献＿＿分　　决不找借口＿＿分
　　　　　　　　　　合计为＿＿＿分　请标到每月心态曲线图中

周六				年　月　日	
按ABC分类	起止时间	▼	今日事项　要事第一 (A类.最重要　B类.重要　C类.次重要)		完成打√
	—				
	—				
	—				
	—				
	—				
	—				
	—				

今日学习：

改进方法：

心态管理：以下每项做到评10分，未做到评0分。

认真＿＿分 快＿＿分 坚守承诺＿＿分 保证完成任务＿＿分
乐观＿＿分 自信＿＿分 爱与奉献＿＿分 决不找借口＿＿分
　　　　合计为＿＿分　请标到每月心态曲线图中

周日				年　月　日	
按ABC分类	起止时间	▼	今日事项　要事第一 (A类.最重要　B类.重要　C类.次重要)		完成打√
	—				
	—				
	—				
	—				
	—				
	—				
	—				

今日学习：

改进方法：

心态管理：以下每项做到评10分，未做到评0分。

认真＿＿分 快＿＿分 坚守承诺＿＿分 保证完成任务＿＿分
乐观＿＿分 自信＿＿分 爱与奉献＿＿分 决不找借口＿＿分
　　　　合计为＿＿分　请标到每月心态曲线图中

会议记录

年　月　日

★建议:记录人把会议记录以电子表格形式交上级审核后　分发给执行人确认

会议记录

年　月　日

★建议:记录人把会议记录以电子表格形式交上级审核后　分发给执行人确认

《高效人士的五项管理》配套实效管理工具
《行动日志》

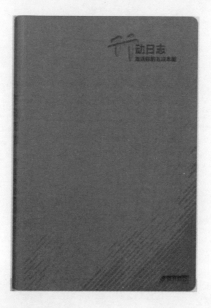

李践先生隆重推荐企业全员使用

1、全员使用，统一思想，上下一致

2、全员使用，真正落实目标到人到天，每日一转

3、全员使用，提升团队高效时间管理能力

4、全员使用，打造学习型组织，复制人才

5、全员使用，打造团队高效执行力

团购优惠：100册以上39元/册，1000册以上30元/册，可选择定制企业logo和企业文化内页。

欢迎扫描以下二维码购买！